國際合約指南

國際合約指南

由本泰正 淵本康方 稻葉英幸 著

吳樹文 譯

臺灣商務印書館發行

前　言

　　近來，日本企業在國際化道路上邁開大步前進了，從大型企業到中小型企業，不論規模大小，以某種形式與海外建立關係，已成為理所當然的事。這些可在近年人們對國際性契約的關注反映出來。現在，凡事委託法律專業人士或職業律師，已成為全體企業人員必須具備的常識，在全公司範圍進行知識普及的動向也日益明顯起來。

　　然而，所謂國際契約，究竟是甚麼玩意兒呢？即使人們亟望了解其中的大致內容，但有關的合適教材竟是出乎意外地罕見。當然，由學者或律師撰筆寫成的，為數並不少，但多是着重於論法律的東西，對一般企業人員來說，可謂難於涉獵。

　　考慮到這些情況後，本書試圖在介紹契約的法律一面之外，再從經營方面及營業方面加以探討而寫成的。全書凡 5 章：**第 1 章**《國際契約的基礎》，**第 2 章**《國際買賣契約》，**第 3 章**《海外代銷店契約》，**第 4 章**《合資公司設立契約》，**第 5 章**《成套設備出口契約及海外建設工程契約》。第 1 章是總論，第 2 章以下為各議題，分別就國際商業事務中的典型契約，有重點地予以解說。

　　不言而喻，與日本國內交易相比，國際交易上的契約問題當然具有極其重要的意義。許多商業習慣及有關法規，是與日本國內大相逕庭的。那種認為既然凡事要拿出契約來，當以條項少些為好，一旦出現甚麼問題的話，以誠意去對待就行的想法，將會招致意想不到的糾紛。

此外，在國際商業事務的領域裏，英國、美國的法規有着舉足輕重的影響力，所以本書還就與國際商業事務日常活動有關的英美商事法着眼，作要點介紹。

本書的第 1 章和第 3 章的執筆者是淵本康方，第 2 章和第 5 章的執筆者是稻葉英幸，第 4 章的執筆者是由本泰正。

● 由本泰正

● 淵本康方

目　錄

第 2 章　國際買賣契約

第 3 章　海外代銷店契約

第4章　設立合資公司的契約

第 5 章 成套設備出口契約和 海外建築工程契約

第 1 章

國際契約的基礎

1.1 甚麼叫契約

1.2 甚麼叫國際契約

1.3 國際契約的交涉

1.4 契約書的意義

1.5 國際契約的形式及一般條項

1.6 國際商事糾紛的處理

1.7 契約自由的原則及強行法規

第 1 章

國際契約的基礎

1.1 甚麼叫契約

1.1.1 契約的成立

契約是在當事人互相達成合意，即意見取得一致的基礎上成立的。而意見的一致，則是經過當事者某一方的提議得到當事者另一方的承諾這一過程，獲得成立的。

這一情況可用圖 1.1 表示。

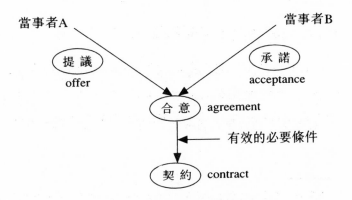

圖 1.1　契約的成立過程

圖 1.1 所示的契約之成立過程，不論是處於國境線兩側的當事者之間的契約，還是國內當事者之間的契約，基本上是一樣的。當事者可以是"自然人"，也可以是"法人"。還有，當事者須具有行為能力（不是法律行為的無能力者〔未成年者、禁治產者*、準禁治產者等〕即為行為能力）；意思的表示若有錯誤、欺詐、強迫之現象，契約當無效或予以取消。這些也是各國共通的原則。意思的表示，通常的形式是口頭或書面；合意也有通過口頭或書面來表示的。當事者即使沒有這種具體的意思表示，而是通過行動顯示合意成立的話，例如接受訂貨的賣主沒有出具訂貨承諾書而交付了貨物等現象，可以視作賣主是以合意成立為前提而交付了貨物。還有，當事者收到提議後，在相當的期間內沒有發出承諾與否的通知，即所謂沉默不言的承諾，有時也可視作合意成立。

1.1.2　契約有效的必要條件

　　合意的成立乃是契約成立的基礎這個問題，上面已經談了。而要使這種合意可具有以契約的形式在法律上約束當事者的效果，首先是契約的目的或內容沒有不合

＊ **責編註**：指受法律規定，因精神不正常而必須有監護人代管其財產的
　　人。

法的東西，而且，也沒有不可能實現的東西。這就是説，合意確定了，該合意又是妥善的，沒有違法性因素，那末，契約原則上是具備法的約束力的。這裏之所以要説“原則上”，乃是因為有些契約還需要具備一定格式的必要條件，或者需要在合意的存在之外具備具體交付貨物的必要條件。

此外，在英美法典中，都認為缺少“約因”的契約是沒有約束力的。所謂“約因”，就是等價的意思。這一點將在第2章“國際買賣契約”中予以介紹。

1.1.3 契約的意義

在極其複雜的現代商業社會中，該設置一些針對當事者的規則，並根據這些規則來處理商業事務，才能避免混亂或誤解的發生。這也就是契約的意義所在。契約一旦有效地成立了，它就對當事者具有法的約束力。若有違背契約的行為，對方可向法院提出陳述，並據情強制履行契約賦予的義務，也可得以要求賠償損失。從這一意義上來説，契約賦予的權利及義務，不啻是從法律上束縛當事者的“法鎖”。

因此，在絕大部分國家裏，當事者之間的契約是在“契約自由的原則”下，得到法律尊重的東西，它比那種所謂任意規定的民法等一般性規定，更有優先權。

1.2 甚麼叫國際契約

1.2.1 國際商業事務的法律環境

契約的成立少不了合意這一點，那是在國際契約中也不例外的。合意就是意思統合一致，它可由語言或行為來確認。這個問題，上面已經談過了。所以說，當事者相互之間正確地理解對方之言行的意思，乃是正確的合意及契約成立上必不可少的前提條件。然而在國際商業事務中，妨礙相互理解的重要因素是為數不少的，諸如：語言、文化習慣以至針對商業事務的法律等。

即使契約宣告成立，而在契約條項的解釋上，當事者對一些默契為前提的東西，多缺乏共通性：對一些沒有寫入條項的東西，就口頭證據及狀況證據來評定的情況，也多因國而異。彼契約究竟該根據哪個國家的法律來解釋、來決定？往往很難定下來。因為不存在一種可以統一規制國際商業事務的世界通用法規。在這種環境下從事國際商業事務，當事者之間的誤解及糾紛也就為數不少了。比如說，本以為只不過是電訊往來、尚未在契約確認書上簽字，所以契約並未成立，但對方要強制履行契約，遂訴之於法院，結果被判為須賠償對方的損失。這類案例說明，在國際商業事務中很容易發生誤解及糾紛。

一旦發生這樣的糾紛，該向哪個國家的法院提出訴狀？竟也沒有統一的規則。比起那些日本企業之間根據國內交易契約來處理糾紛的事來，前者要麻煩得多。

1.2.2　國際商業事務中的契約有甚麼作用

1. 預防誤解及糾紛的發生

在國際商業事務中，由於妨礙當事者相互理解的要因頗多，所以，宜在交易之前，先就可能與交易有關而容易產生的問題，進行充分商討，並就這些事項達成明確的合意後，將合意事項書面化。這對於避免誤解以及防止將來發生無謂的糾紛，可説十分重要。大凡交易，內中總有一些不測的風險，如果不分析何處有何種樣的風險存在就糊里糊塗地交易，不啻是最大的風險。對當事者來説，在交談時宜提出存在着甚麼樣的風險，並協商出風險的分擔辦法，這也是預防糾紛的關鍵之一。與日本國內交易的契約書相比，國際交易的契約書之所以條項多、細細小小的商定內容也多，原因之一，就是為了防止不同國家的企業同行發生誤解及糾紛。

2. 經營目的的實現手段

契約的另一大作用，乃是當事者實現其經營目的的手段之一。由於締結有利的契約條項，使該契約受到法律的保護，可以強制對方履行，可見它是達成經營目的的有力手段。唯其如此，如果走錯一步，也極可能使經營陷於危殆的凶境。特別是在國際商業事務中，技術契約也好，合資契約也好，它們的風險度都較大。所以說，與對方訂立甚麼樣的契約，如何進行契約事宜的交涉，乃是非常重要的事情。

1.3　國際契約的交涉

1.3.1　交涉的形態

商訂契約時，既有當事者碰頭直接商討的方法，也有利用信件及電傳進行交涉的方法。如果是重要的契約，一般的做法是：先在雙方擔當人員這一級別上進行預備性的交涉，就契約的大致骨架等，取得了大致合意的結果後，再由雙方負責人直接會談，趨於詳實。至於技術協作交涉及合資公司設立的交涉，以至大規模成套設備出口交涉等，光以信件及電傳往來就可進展至締約的階段，可說非常罕見。一般說來，這類交涉免不了屢屢碰頭商討，才能步入契約成立。與之相對，貨物的買賣契約之類，如果不是甚麼巨額交易，光通過信件及電傳之類而達成契約的情況，也並不少見。

1.3.2　由書信進行契約交涉的做法

契約是須由當事者一方提議，當事者另一方予以承諾才得以成立的。但在國際交易中，提議在甚麼時刻生效，承諾又在甚麼時刻成立，這都是因國而異的。且說提議的問題吧，大部分國家規定：提議到達對方時開始生效（到達主義）。國際上倒沒有為此而發生甚麼糾紛。

至於承諾生效的時刻問題，以歐洲大陸為中心的所謂大陸法體系的國家（日本在商業交易的有關法律上也吸收了大陸法體系之流）與採用英國美國法體系的國家，是不一樣的。德國等國家是到達主義，而英國美國則規定：承諾生效是在發出信息的時刻（發訊主義）。國際上沒有對此作出統一。提議及予以承諾該在甚麼時刻生效，這乃是契約成立上的重要問題。所以，為克服這種不統一，當事者之間有必要事先協商定當，以期勿在提議及予以承諾的生效時刻上發生誤解。例如，以下述的表達方式發出動議，看來很重要："對於這項提議的承諾，謹以日本時間 11 月 10 日為止到達東京為準。"此外，提議中不光要有價格及裝船時期等條項，還該斟酌交易的諸條件作出增補才對。歐美國家的企業，多準備好了在發送估價單、發出提議、發出承諾等場合使用的文件定式，作好能隨時對應的態勢。這些文件定式又叫一般交易條件，是就那些要求賠償損失須在甚麼期間之前提出啦、糾紛產生時的處理辦法啦、涉及工業所有權被侵害時當事者之間的責任分擔啦等問題以及其他一些對整個交易來說顯得較重要的事項，增添進體現自己這一方意圖的內容，事先製作成文件定式，以備使用。在日本的企業中，也有些公司製作了這種適合本公司用的文件定式，不光有價格及交貨期，還就其他一些交易條件反映出本公司的意圖，有力地支持了企業人員的營業活動。通過書信的契約交涉問題，看來最為重要的是：

合意成立的時刻確定問題以及交易條件的慎重商定事宜。通過書信來往進行契約交涉，實際上多以買賣契約為中心，而在國際買賣契約的交涉上須留意的問題，將在下章"國際買賣契約"裏予以詳述。

1.3.3　契約交涉的過程

1. 日本人及外國人對待契約交涉的態度

　　日本人面對交易的基本態度是：發生甚麼問題的話，當據實際情況予以協商解決。當然，問題的解決是離不開當事者的誠意的。因而在日本，所謂契約的交涉，簡直可說是一個確認過程──對方是否屬於適合交易的有誠意的人物或企業。很能說明問題的是，在日本締結的契約裏，往往可以看到寫有這樣一些內容的條項："在有關契約的解釋及履行上發生意見齟齬或糾紛時，當事者當以誠心誠意的協商來解決。"以及"本契約裏尚未確定的事項，另行協議解決。"而在外國，很多國家是這樣來看待這一問題的：契約的交涉，乃是一個旨在獲得更有利的契約條件而相互設法說服對方的過程；契約乃是一種以如此獲得的條件去約束對方的手段。因此，面臨契約交涉時，該做好充分的準備，在交涉現場盡力說服對方。

2. 契約交涉時該注意的地方

　　● 事先準備的必要性及交涉小組

　　　　面臨契約交涉時的態度，對外國人同對日本

人，是很不一樣的，尤其是面對國際契約的交涉，事先作好準備是非常重要的。看來，這一點應該能夠理解。對對方的信用狀態的調查及分析，這是毋須贅言的，而對於諸如：在業界的地位、顧客的口碑、經營者的經驗及能力、與日本企業的交易狀況等，也該盡量把信息掌握在手。在交涉小組的人員構成上，不單要有營業擔當人士，還得有契約法務擔當人士參加，此外，根據情況，配備熟悉技術的人士也很重要。特別是在日本，對於法務擔當人士在契約交涉中的作用，認識是很不足的，往往多在事後處理方面利用文書科或法務科的功能。而在外國，通常是從初案的制定及研討階段起，就有法務擔當人士參加了。

● 基本戰略的策定

代銷店的起用交涉也好，技術協作交涉也好，在經營負責人與交涉小組之間，必須就締結該契約欲有何所得？有何所求？以及為達成目的而進行契約交涉時該如何說服對手這類事情，進行充分的醞釀。基本戰略準備得紮實的話，對於要進行的交易會帶有甚麼樣的長處以及甚麼樣的風險，都可心中有數；對於交涉時可以讓步到哪裏為止，也容易明確無誤。一般說來，對方肯定是要以縝密的理論，為從邏輯上來說服我方，作好準備而來的。有了這樣的思想準備，面臨契約交涉前，便與對待日本國內的日本企業的交易對手不同了，如何作好周到的準備，為基本戰略的策定以及交涉小組之目的的達成而深入研討具體戰略的做法，已毋須贅言，乃是極其重要的。

● 最初方案的重要性

契約書的最初方案，在決定後來的交涉過程及契約書的最終方案的方向上，是極其重要的。日本的企業，往往有坐等對方送草案來的情況。這種態度是不夠正確的。應該說，領先送出明快的草案，這對之後的交涉有利和有着極大的作用。

● 起草契約草案時該注意的地方

從起草初案時起，就要邀請法務擔當人士參加，以期擬出一個具備營業性及法務性內容的草案。一般說來，多參照該公司以往擬訂同類契約時的文件，或參看公開出售的參考書籍，起草而成。

不過，在面臨的交易中搬用那些現成文件裏的內容，需要慎重地予以研討才行。在實際交易中靈活應用標準式書面文件集裏的文章，乃是草案起草者的重要任務。此外，草案還必須格調明快。因此，在活用定義條項方面，在避免多歧多義用詞方面，在表示同一意義時務必使用同一詞匯方面，在不使用異義同字方面，以至在有效地利用標點及括號等方面，都得認真對待。

本書的後半部分，是對國際契約的典型性案例分別進行**解説**，並按各契約的類型，載有英文文案，以期讀者在起草草案時能有所參考。

3. 當事者之間的預備性合意

契約交涉終於開始了，到了議論漸漸地都攤出來後，對方便把已討論的問題及確認的事項，附上¨Memorandum¨或¨Minutes¨這種字樣的標題，整理成文，屢屢要求署名確認。為了能在擔當人士討論的基礎上獲得雙方公司的經營負責人加以拍板確定，凡已在擔當人之間合意的事項，以¨Letter of Intent¨的形式存檔，或整理成標題為¨Agreement to Make Agreement¨之類的文件。這些是常見的做法。

在這種場合裏應予以注意的地方是：不論標題怎麼寫，凡被視作當事者雙方完全合意的話，那些不過是記錄了預備性合意的文件，往往可作為契約成立的證據而公示。所以，若是以獲得本公司董事會認可作為契約成立條件的話，很顯然，把這一點寫清楚，乃是防止日後發生糾紛的不可少的一環。

還有，在締結技術協作契約之前，締約者往往具有¨option（優先選擇權）¨及¨right of first refusal（第一次拒絕權）¨。後者屬於對方單純地想就該產品的技術援助具體化問題，第一次地向我方詢問有無締結技術援助契約的意思，這與我方積極要求締約具體化的權利而具有的¨option¨是不一樣的。務請予以留意。

1.4 契約書的意義

1.4.1 證據價值

在契約的存在與否以及對契約的內容抱有疑問的場合，與口頭合意相比，書面化的合意在作為證據的價值方面，可謂絕對地強而有力。

1.4.2 契約生效的必要條件

一定的契約，諸如日本的民法所規定的贈與契約、美國統一商法所規定的 500 美元以上的物品買賣契約之類，若缺少書面性東西，該契約就不能在法律上進行強制履行。

1.4.3 契約的履行及契約書的改定

在履行契約的過程中，違反契約書條項而行事的事並不罕見，但是，只要它是基於當事者的合意而出現的，其本身可謂沒有甚麼問題。然而，這類行為屢屢發生，而契約書又沒作改定，那末，在契約書的效力方面，會產生出下面這樣的問題，這是需要注意的。

(1) 這是以該次行為為限，例外性地承認變更呢？抑是有關這類行為的契約條項在今後一直可作此變更呢？可謂模糊不清。

(2) 這類行為涉及到不少條項而行事的話，契約整體的效力就有被否定之虞。

1.5 國際契約的形式及一般條項

1.5.1 國際契約的形式

國際契約的形式，通常是按這樣的順序組成的：契約書的標題、序文、正文、結尾辭。

1. 契約書的標題

契約書的標題，可以用 "Agreement"，也可以用 "Contract"，而根據各契約的類型，可以有："Technological Assistance Agreement（技術援助契約）"，"Distributorship Agreement（代銷店契約）"，"Joint Venture Agreement（合資公司設立契約）"等。"Agreement"和"Contract"的異同在於：合意的契約，多叫"Agreement"，合意而帶來了法的約束力的契約，多叫"Contract"，不過，在標題上使用哪一個都無礙。

2. 序文

序文中包括：契約當事者，其營業總處，設立依據法，契約締結日，契約締結地，表示當事者締結契約的背景及契約之目的的"WHEREAS"項目或叫做"recital"的文章等。序文，特別是"WHEREAS"項目，有人認為盡可能地短為好，也有人認為雖不能說非有不可，但頗有補於契約正文的解釋，所以簡明為要。讀者可根據這一原則，參閱本書後半部分的各種契約類型的序文。

3. 正文

在國際契約中，把當事者之間有關該交易的一切合意整理成契約書，乃是通常有的做法。因此，與對方的一些沒被整理入契約書的合意，以及在契約締結前來往信件上寫有的內容，都該由契約書囊括之才對。有些人對此掉以輕心，諸如隨隨便便地認為：對方的副董事長那時屢次這樣說過的，所以契約上列不列入不成甚麼問題，在契約的履行上，不要那麼咬文嚼字也沒關係的吧。然而，這是錯誤的。在擬訂契約正文時，應該努力把我方的意圖完全、正確地反映出來。而另設協議條項，把合意的成立委之於將來的協議，畢竟是不大有的事。重要的項目卻存在着委以將來的協議這種條項，很可能被視為當事者之間的合意存在着不確定因素，以致出現契約的成立也被否定。比起把這種條項插進去的做法來，還是應該盡量事無巨細地規定為好。此外，在某些條項之前附上小標題的做法時，須慎重地選擇小標題，因為這小標題即使單純地旨在便於參閱，畢竟會影響到內容的解釋。於是，有的人就在契約書上特意注明：小標題不影響對契約之正文的解釋。不過，締結重要的契約書時，還是需要有所顧忌才好。

4. 結尾辭

契約書的結尾處，多寫有這類文字："當事人雙方作為具有正當權限的代表者，對本契約署名為荷。"下面置有署名欄。一般還多附以署名日期。這署名日期，既有與契約書開頭處的契約締結日相同的，也有不相同的，而不相同的話，契約在哪一個日期生效也就不明。因此，正文中宜注明契約的生效日期，表示契約自此日起生效。

1.5.2　契約書的一般條項

國際契約中通常都要出現的條項，叫做一般條項。一般也好，通常也好，逢到個別的契約類型，還是應該針對具體問題予以慎重研究。本章僅就一般條項的注意點，來談一談。文例請參閱本書後半部分的各契約所示。

在所謂一般條項的項目裏，包括：契約的生效日期、不可抗因素條項、轉讓條項、通知的規定、修正條項、完全合意條項、依據法、紛爭處理條項等。

1. 契約的生效日期（effective date）

契約原則上是從契約的締結日起生效，但也有把日期往前推而使之生效的情況，或以取得正式機構的認可日為契約生效日的。

2. 不可抗因素條項（force majeure）

這是指：出於當事人無法支配的事由，致使契約不能履行的事態發生了。諸如出現港口因罷工而造成裝船延期或戰爭爆發這樣的事態，致使契約無法履行時，規定當事人不負有契約不履行的責任。這就是不可抗因素條項。在不可抗因素條項裏，通常還規定：因法律的制定及變更造成無法履行以及因政府機關的命令造成無法履行等情況，當事人都可免責。此外，當事人如發生原料入手困難之類的事，也列在這一條項裏。

3. 轉讓條項（assignment）

通常指全面禁止把契約轉讓給第三者，以及要轉讓也得以徵得對方的書面同意為原則。而有時候，也有認可把契約轉讓給百分之百屬當事人控制的子公司這樣的事。對這轉讓條項，若不予以仔細考慮而作出規定，也會有意想不到的事發生的。

東京希爾頓事件就是其中的一樁有名事件。鑒於當事者的一方可在當事者的另一方事前不了解的情況下，把契約轉讓給受自己絕對控制的子公司這樣的條項，引起了當事者之間的糾紛（詳情請參閱小林規威著的《國際企業》，築摩書房出版）。看來，轉讓契約時，還是要以當事者事前了解的書面東西為條件，不宜設置甚麼例外規定。

4. 通知的規定（notice）

契約一旦締結，當事者之間將開始交易，然後會有雙方要就契約履行上的重要事項進行聯絡、遞送之類的事，這就需要設立正式的窗口，並在契約書上寫明。另外，猶如在前面 1.3.2 中所談到過的，有的國家的法制規定：發出通訊信息，契約就生效；有的國家則規定：信息到達對方後，契約才生效。可說分歧很多。在本條項內，得規定採用到達主義還是發訊主義。進而還可就通訊方法作出限定：掛號信或航空信。

5. 修正條項（amendment）

在契約履行的過程中，會出現希望加以改定的條項。所以，通常可有這樣的規定："契約的修正，以當事者事前的書面合意為條件。"如此締結的契約，雖說有着當事者的合意，但逢到違反契約的行為屢屢產生時，各種各樣的問題也會隨之出現。這個問題已在前面 1.4 節談到過了。

6. 完全合意條項（entire agreement）

當事者之間的合意，都被整理進契約書中了，為了否定締約之前的各種合意或備忘的效力，多設置這樣一個條項。且不管這個規定條項存在與否，在國際契約裏，為避免出現誤解，事無巨細地把合意整理進契約，乃是十分重要的。同時，要努力把我方的有所意圖的東西，完全、正確地反映出來。在預備性交涉階段成立的合意，應該勿遺漏地列進去。

7. 依據法（governing law）

日本契約與國際契約的顯著不同點之一，是依據法的指定問題。在日本國內的交易上，日本國內契約締結了的話，如果在契約的解釋上發生疑義，或者需要從法律上確定內容時，可採用日本法，根據日本法來作出解釋。但是國際契約是一種在不同法規區域裏的交易，哪一個當事人的所在國法規可以適用呢？定不下來。於是，在當事者之間的交涉中，有必要事先商定採用哪一個國家的法律（這就叫做依據法的指定）。但是問題仍未解決。比如說，在日本企業與美國企業之間的交易裏，常常是日本企業方面主張以日本法為依據法，而美國方面則希望以美國法（通常是指該企業所在州的州法）為依據法。此外，在某些買賣契約中，往往有不一一商定依據法而締結契約的。既有根據當事者的意思作出明確說明的，也有恰好相反，不予指定的。對於不能指定的以及不予指定的，它們的契約該依據哪一個國家的法律給以解釋呢？問題就生成了。有關這類情況下的依據法決定程序，將在下面（1.6.2）予以論述。

8. 糾紛處理條項

在契約的解釋及履行上，發生意見不一致或糾紛時，該基於甚麼樣的規則予以解決呢？把這類事預先寫入契約書中，當是一般的常識。在國際商事糾紛中，經常發生當事者之間怎麼協商也不得解決的問題。在這種情況下，除了謀請第三者出面解決外，別無他法可想。而通常採用的方法，是通過仲裁、訴訟、調停等來解決。因此，在國際契約裏，多事先規定了"糾紛的處理謀諸仲裁"這類糾紛處理條項。有關選取仲裁解決法還是選取訴訟解決法，以及仲裁地選在何處及主管法院選在何處等問題，應該在交涉中商定。

1.6 國際商事糾紛的處理

上面已經談過國際商業事務的法律環境有着遠比日

本國內貿易不安定的情況。因此，當事人雙方為避免誤解或糾紛的發生，盡可能詳細地商定出具體的規則，是很有必要的。即使這樣做了，而在契約的解釋及履行上發生意見違迕以至糾紛的事，仍不少見。

1.6.1　通過協商來解決糾紛

在日本國內契約的場合，往往設有這樣一類的條項："當事人之間發生糾紛或意見相違迕時，當以誠意來作出協商，謀求解決。"這是當事人之間解決糾紛的最好的途徑，然而，當糾紛涉及的金額較大時，或者當事者雙方都沒有繼續保持交易關係的願望時，通過協商來解決的辦法，是很難行得通的。在這類情況下，就得依靠第三者來解決。但是，即使去依靠第三者來解決，由於當事者雙方對調停持有最終同意與否的權利，如果任何一方拒絕接受調停的方案，糾紛最終仍不得解決。

1.6.2　強制性解決

在協商不可能得到解決的情況下，只有付諸強制性的解決。強制性解決的方法，有仲裁及訴訟。

1. 仲裁

所謂仲裁，是指第三者不是法官，而是某個私人（任何人都行）：這第三者基於當事人雙方商定的委託，出面解決糾紛：仲裁人提出的解決方案（也叫仲裁判斷），對當事者雙方具有法的約束力。仲裁就是這樣一種法律制度，它與調停不同，一旦作出了仲裁判斷，當事者是不能拒之不認的。

● 仲裁機構

上面已經說了，當事者是可以指名任何人作仲裁人的，但在國際性商事糾紛的處理上，通常是指定總部設在巴黎的"國際商業會議所(ICC)"的仲裁法院以及各國的仲裁協會來擔任仲裁人。"國際商業會議所(ICC)"在各國設有支部。就日本來說，有常設的社團法人國際商事仲裁協會，它的總部設在東京，並在大阪、名古屋、神戶、橫濱設有分部。又，國際商事仲裁協會還與各國的仲裁機構——例如美國仲裁協會、德國仲裁委員會、大韓商事仲裁協會、波蘭貿易會議所等——締結着商事仲裁協定。有關仲裁手續之類的詳細情況，請向國際商事仲裁協會的總部或支部詢問。

● 仲裁和執行

上面已談過，仲裁判斷是具有法律的約束力的。譬如說，在要求付款之類的場合，在該支付款項的當事者不予理睬的場合，有必要予以強制執行。而在國際性的交易場合，為執行仲裁判斷，要向彼當事者所屬國家的法院提訴，取得執行的裁決而進行強制執行。不過，這裏會出現下面這樣一類問題。

在得到"執行裁決"提訴的國家裏，頗有一些國家在國內法上存在着"不允許執行於外國作出的仲裁判斷"的制度。另外，有的國家在國內法制度上是不承認仲裁的。因此，即使是與這些國家的企業締結了仲裁契約，那些在日本或其他外國作出的仲裁判斷，是不可能付諸執行的。所以《關於仲裁條項的議定書(日內瓦議定書，1923 年)》之加盟國家得承認仲裁這個解決糾紛的手段。另外，依據 1927 年的《關於執行外國仲裁判斷的條約(日內瓦條約)》以及 1958 年的《關於承認及執行外國仲裁判斷的條約(紐約條約)》，外國仲裁判斷在加盟國內的執行是得到了認可的。不過，並不是所有國家都加入了這些國際條約。有的是基於兩國間的通商航海條約而互相承認仲裁判斷有效的。與日本之間有着相互保證仲裁效力及強制執行力的主要國家有：

愛爾蘭、美國、阿拉伯聯合大公國、阿根廷、阿爾巴尼亞、英國、以色列、意大利、伊拉克、印度、烏克蘭、厄瓜多爾、薩爾瓦多、奧地利、荷蘭、迦納、希臘、科威特、喀麥隆、敍利亞、瑞士、瑞典、西班牙、斯里蘭卡、俄羅斯、泰國、坦桑尼亞、捷克斯洛伐克、中非、中華人民共和國、突尼斯、智利、丹麥、千里達和托貝哥、奈及利亞、德國、尼日、紐西蘭、挪威、巴基斯坦、白俄羅斯、匈牙利、緬甸、菲律賓、芬蘭、巴西、法國、秘魯、比利時、波札那、波蘭、保加利亞、香港、馬達加斯加、馬爾他、南非、墨西哥、模里西斯、摩納哥、摩洛哥、羅馬尼亞、盧森堡、南斯拉夫、韓國、達荷美、古巴、澳大利亞、梵蒂岡。

因此，與上述國家的企業之商事糾紛有了仲裁判斷的話，可以在取得法院的執行裁決後強制執行。順便說一下，所謂執行裁決，是指具備了一定形式的必要條件的話，法院不對仲裁判斷的正確與否加以判斷，而是批准"照此執行"。

● 仲裁地

在商定仲裁條項時，商定有利的仲裁地是很重要的事。仲裁地定在外國的話，麻煩多，費用也多。因此，當事者都想得到對各自有利的仲裁地，於是出現對仲裁地的合意很難達成的問題。所以，作為一種妥協方案，往往有這樣一類規定，如以日本與美國企業之間的交易為例，則寫明："日本企業要求謀諸仲裁時，以美國為仲裁地；美國企業要求謀諸仲裁時，以日本為仲裁地。"這就是說，若想謀諸仲裁，就得在對方的國家進行，別隨隨便便作出仲裁的打算。因之，從製造一種慫恿當事者雙方通過對話來解決問題的氣勢來說，那樣的規定也頗有意義。文例請參閱代銷店契約的仲裁條項。

● 仲裁和訴訟

對於國際交易上的糾紛，該謀諸仲裁解決還是該通過訴訟解決？可說是各有長短。

仲裁解決有這樣一些優點：

（1） 由於非公開性而得以保密。

（2） 一次性予以裁定，時間耗費少，費用也便宜。

（3） 條約加盟國之間的仲裁，在執行上可以有所保證。

（4） 可據當事者的意思，能委託法官之外的明瞭業界情況的人作仲裁人（不過，實際上是多選定熟悉法律的人為仲裁人）。

但是，由於一次性得到確定，即使出現頗感不合理的仲裁判斷，也不能上訴爭論的。

至於訴訟，可說是恰恰相反。而外國法院作出的判決，各國在執行上是設有各種規制的（例如：相互主義的條件之類）。日本也在民事訴訟法第 200 條《外國判決的效力》一項裏進行規制。可見國際性的執行不一定能有保證。

2. 訴訟

仲裁得有契約當事者之間事先商定¨糾紛處理謀諸仲裁解決（這種合意叫仲裁契約）¨這樣一個前提。若非仲裁契約，對於糾紛的強制性解決，除訴訟外別無他途。在以訴訟來處理國際交易的糾紛時，有着這樣一些問題：

（1） 在哪一個國家（或者州）的法院進行訴訟（國際案件裁決的管轄問題）。

（2） 基於哪一個國家（或者州）的法律來進行裁決（依據法的問題）。

(3) 作出的裁決能在對方的國家強制執行嗎（外國裁決的執行問題）。

● 國際案件裁決的管轄問題

當事者可以事先商定管轄的法院（這叫合意管轄），但是這種合意往往成立不了。假如日本的廠商與美國的代銷店發生了糾紛，代銷店便向其所在州的州屬法院提出訴訟。州屬法院要先就該糾紛事件來判斷本法院有沒有管轄權，於是得研討法院所在州的訴訟法，判斷管轄權的有無。如果管轄權成立的話，該法院可對該訴訟事件進行裁決，這時還得根據當事者之間商定的依據法來裁定。如果當事者之間沒有定出過依據法，而有關法律體系呈複數現象時，得基於該州的國際私法（美國為衝突法，日本為法例）定出適用於哪一種法律，來決定依據法。

● 依據法的決定

(1) 由當事者協商而定出依據法。

(2) 協商不成的話，則用締結契約所在國的地方法。如果締結契約並不集中在一個地方的話，可分為發出提案信息處的地方法（指日本），以及發出承諾信息的地方法（指美國的某個州）。

(3) 主要重心所在地的國法。美國的法院使用這一概念，往往不光看構成契約關係這一個要素，而是要加以綜合性地評價來作出決定。

法院基於由上述辦法定出的依據法，來進行裁決。如果美國的代銷店獲得勝訴，為使這一裁決在日本得到執行，必須有日本法院的執行判決。當然，如果日本的廠商在美國擁有財產的話，可以以其作抵押，這就毋須日本法院的執行判決了。

● 外國裁決的執行

　　　　在日本，為使外國裁決的效力獲得承認，必須具備民事訴訟法第 200 條的必要條件。

● 民事訴訟法第 200 條

【外國裁決的效力】

第 200 條

　　　　外國法院的確定裁決，須具備以下條件方能有效：

1. 在法令或條約裏不否認外國法院的裁決權。

2. 敗訴的被告為日本人時，在由公示送達、開始訴訟起，當事者應該能收到送達的必要傳叫或命令，或者是不收到也能應訴者。

3. 外國法院的裁決不得違背日本的法定秩序及善良風俗。

4. 有相互保證者。

　　總而言之，日本的判例條項是不一定非得承認外國裁決之效力的。看來不光是日本，外國的法院也是大同小異的吧。所以說，國際性的訴訟，在執行上是不安定的。在進行國際性交易時，應該盡可能避免發生糾紛或誤解。因此，在交易對手的選定上，在契約條件的決定上，務必慎重再慎重，這是強調再三也不能算過分的。

1.7　契約自由的原則及強行法規

在現代商務實業社會裏，當事者之間的契約，原則上是自由的。這叫做"契約自由的原則"。所謂"契約自由的原則"，是指：(1)契約對手選定的自由。(2)契約締結的自由。(3)契約方式的自由。(4)契約內容決定上的自由。(5)契約解消的自由。根據"契約自由的原則"，可以說，商業社會能夠為所欲為地開展企業活動。但是，隨着近來那種龐大企業的出現，以及生產者與使用者的直接契約關係被破壞，商品多通過所謂的流通機構而進行批量銷售，便產生出各種各樣的問題來了。例如：在市場佔有率(market share)高的大型企業的同業之間締結了價格協定的話，需要者就談不上願意不願意，只能以高價買取。產業社會本是憑藉着自由競爭的優點——通過競爭的生產率提高——→成本降低——→銷售價格低廉——→需要者及消費者的利益享受——這樣一種好的模式，來達成頗有生氣的發展，然而同業者之間的價格協定，限制了相互之間的競爭，進而有可能損害自由的企業社會的優點。另一方面，由於信賴廠商的商標，而購入的商品出現缺陷致使消費者吃虧受傷的話，得通過一系列的流通環節來求取賠償損失，很花時間也很耗費用。此外，在契約上一任當事者雙方完全自由，也會產生各種各樣的不良事態。為了對付這類事態，遂通過"強行法規"，對"契約自由的原則"課以各種限制。這裏所謂的"強行法規"，是相對"任意法規"而來的用詞，意思是：此乃不問當事者的想法如何而予以強制性適用的法律。強行法規的代表性東西，有勞動法之類的社會法以及禁止壟斷法之類的經濟法等。此外，日本商法中的公司法規之大部分以及民法的有關公序良俗的規定等，也是強行法規。

這裏，想就日本商事企業在進行國際性交易時須特別留意的強行法規，作一個概述。

1.7.1 公正交易法(禁止壟斷法、反托勒斯法)

禁止壟斷法或反托勒斯(trust)法，多以某些形態存在於很多的先進國家中，但其內容又因國家不同而差異很大，規制的對象也多枝多歧。其中屬日本企業在進行國際事務活動上須特別留神的，乃是針對有關銷售活動和企業協作的不正當的交易制限以及不公正交易方法，而定出的規制。

1. 對橫向關係(同業者之間)協定的規制

同業者之間的協定裏，若有限制或排除當事者之間的競爭者，當作為不正當的交易制限而予以禁止。典型的不正當的交易制限，有以下幾種：

（1）價格協定；

（2）生產協定（設備、品質、數量的協定）；

（3）銷售地域的協定；

（4）顧客的協定；

（5）關於技術及特許之類的協定。

對於同業者之間的橫向關係協定，規制是嚴格的，特別是與美國或西歐之間的交易，務必要謹慎再三，以免違法。

2. 對縱向關係（廠商與流通業者之間）協定的規制

在起自廠商、終至使用者及消費者的流通過程裏，廠商與銷售業者之間以及各流通階段上的銷售業者之間的協定，凡屬不當地束縛銷售業者致使限制了市場上的競爭者，當作為不公正交易方法而予以禁止。特別有違反之嫌的交易方法，乃是：(1)銷售地域的限制；(2)顧客的限制；(3)壟斷性銷售權的賦予；(4)禁止受理有爭議產品；(5)再銷售價格的指示。

與同業者之間的橫向協定相比，在縱向關係的協定上，對於上述的(1)條至(5)條，雖然並不悉作違法論，但絕大部分國家把(2)條和(5)條視作違法的。對於(1)、(3)、(4)條，當在實質性地研討該產品的市場佔有率以及該銷售店的銷售力之類的基礎上，再作出違法與否的判斷。

3. 違反及制裁

違反禁止壟斷法、反托勒斯法時，當科予以下這類制裁：

（1）由當局下達排除命令；

（2）刑事制裁；

（3）由被害者提出賠償損失（民事制裁）。

這裏，特別應予注意的是：與日本相比，這裏的刑事裁罰要嚴厲得多；損失賠償額也多為巨額。又，在契約的一部分條款出現違反情況時，可以有該條款無效或契約全體無效之不同情況，這是必須加以注意的。

4. 對美交易及反托勒斯法

在涉及國際交易及公正交易法的問題時，必須得論述一下美國的反托勒斯法，因為美國的這項法規對國際商事企業有着舉足輕重的影響。美國的反托勒斯法（聯邦法）有：(1)希爾曼法；(2)格來頓法；(3)聯邦交易委員會法。(4)威爾遜關稅法（一部分條項）。這些法規是19世紀末至20世紀初制定的，已有一個世紀的歷史了。主管官廳有司法部及聯邦交易委員會；法的運用亦十分嚴格。若有違反，當被課以上面談到過的制裁，而實際上，三倍於實損額的賠償要求也得到批准的。尤其是符合所謂"集體行動(class action)"制度者，賠償額極可觀。

● 集體行動

當大量消費物資存在缺陷時，當違法的卡特爾

（cartel）造成物價上漲時，當公害致使多數被害者產生時，在傳統性的法制裏，只要一個個被害者基於自己的意思而不對違法的加害者起訴的話，裁斷上是不能作出賠償損失的。但在美國，當具備一定的必要條件時，被害者中的合符資格者，可以代表全體被害者而提出訴訟。即美國是導入這一集體行動制度的。

1.7.2　製造物責任法制

在傳統的法制裏，一般消費者想就缺陷製品，對沒有直接交易關係的廠商或批發部門提出賠償損失，當是極其困難的事。但是在近來，特別是以歐美先進國為中心，導入了所謂製造物責任的法制，消費者或機械的使用者，可以對製造缺陷產品的廠商或有關的批發部門直接追究法的責任。在日本的企業中，特別是與美國的交易有關，被追究製造物責任的情況在增多。以下來談談美國典型的製造物責任法制之大概。

1. 負有責任者

廠商、輸入業者、銷售店等，即使沒有直接契約關係，也逃不了干係。

2. 無過失的嚴格責任

製品在可預見的情況下進行合理地使用，卻發生了損害問題，如據推定該損害當為該製品銷售時已存在的缺陷引起者，而負有責任者如果不能證實非如此的話，可視為該損害當是該製品缺陷而造成的。

由此可見，被害者為了被害的救濟權，可與歷來的規定做法不一樣，不必逆向追問流通上的各個環節，而可一舉向製造廠主提出賠償損失的要求。這對沒有專業性知識的消費者來說，不啻是從幾乎無可能證實損害與缺陷製品之因果關係的沉重負擔中解放了出來。結果，美國當今出現了數萬件以上的所謂製造物責任訴訟案件，其中也包含着對日本的機械廠商、汽車廠商、電機廠商等廠家的訴訟。

1.7.3　代銷店保護法

近來，超大型廠商在湧現，它們的商標亦在全國不脛而走，而中間的流通業者的關係變弱了，儘管刻意努力於市場開拓並有所成果，但代銷店契約被解除的情況日多。因此，各國都在設立旨在保護銷售店的種種立法措施。特別是中美洲各國（巴拿馬，多米尼加，玻多黎各，瓜地馬拉等）、西歐各國（西德，瑞士等）、美國的各州以及中近東各國，都設有保護法，應該予以注意。保護法的概要如下：

1. 保護的內容

禁止無正當理由而與代銷店解約。如無正當理由而進行解約，必須補償代銷店由此帶來的損失。

2. 成爲保護對象的代銷店

有繼續性關係的代銷店：有排他性交易關係的代銷

店；從屬性頗強的代銷店。

這裏面，成為問題的是：所謂"正當的理由"，是以甚麼作為基準來決定呢？國家不同，事例不同，正當的理由之基準也就不同。有人認為，可在代銷店契約中，盡可能詳細、明確地規定代銷店的義務，凡違反這些義務，可考慮作為正當的解除理由。但是有人認為，過分地束縛代銷店這種做法本身，是法律禁止的，所以不足為訓。結論是：別輕易地啟用代銷店；一旦決定啟用，得明確代銷店的義務；盡可能聆聽當地律師的意見，事先明瞭存在着甚麼樣的風險。

以上是國際商業事務中顯得特別重要的強行法規的概要。而除上述法制外，發展中國家裏尚有外匯管理法及外資導入規制；此外，各國的勞動法、食品衛生法、藥事法、有關安全的規制等，也可說是規制國際商業事務的強行法規。在進行具體的交易時，不言而喻，這一切都是必須十二分地予以慎重對待才行。

另外，日本得基於禁止壟斷法，一切國際性的契約都必須送交公正交易委員會備案，這也是不可疏忽的事。

第 2 章

國際買賣契約

第 2 章

國際買賣契約

2.1　買賣契約——國際契約的基礎

　　國際契約有着好幾種契約類型。本書要予以介紹的
國際買賣契約、海外代銷店契約、合資公司設立契約、
成套設備出口契約，以及本書作罷不談的技術協作契約
（請參閱松永芳雄的著作《技術協作契約指南》）之類，乃
是企業在國際活動中最常用的契約類型。而其中的國際
買賣契約，又是企業在國際活動中最為頻繁使用的，也
是各類契約的根本。例如，海外代銷店契約乃是某製造
公司把其產品委託給特定的代銷店並賦予該代銷店在海
外的某銷售地區進行銷售之權利的契約，而該製造公司
與代銷店之間的交易，以及代銷店與其顧客之間的交
易，都是買賣契約。至於國際性銷售網的設定，若從契
約方面來看，可以視作是把這些產品的製造者們與一些
代銷店以及為數極多的需要者連在一起的買賣契約的連
鎖形式。不理解買賣契約的問題，就不可能探討國際銷
售網的設定事宜。此外，某種技術協作契約，也可視作
為特許及技術情報之類的技術買賣契約。而近來引人注

目的成套設備出口契約，可説是徵訂者與承訂者之間就機械、技術情報、事務功能等進行的綜合性的國際買賣契約。看來，即使從國際契約之各種類型入手來觸類旁通地弄懂其他契約之類型這一意義上來説，也須深入瞭解國際買賣契約的事。

世界各國在有關商業交易的法律方面，都把買賣契約作為最典型的契約類型來看待。順便提一下，在日本的民商法内第 13 項的"典型契約"中，就"買賣"設置了極多的規定條文。英國、美國也是如此，例如在美國統一商法典裏，特別提到買賣契約 (U.C.C. Article II. "Sales")，設置了一百多條規定。

2.2　現代買賣契約的特徵

2.2.1　有關品質方面的契約類型

在目前的買賣契約裏，買主與賣主之間對品質的合意，設有各種各樣的標識，而由標識來作品質決定基準，大致可分為這樣幾種類型：

以當事者商定的規格作為品質決定基準的類型，叫做"據商定標準買賣 (sale by specifications)"，它在當前的交易中，擔負着最為重要的作用。另外，有以樣本為基準來作品質決定的，這叫做"據樣品買賣 (sale by sample)"；以商品目錄等説明書及陳述内容來顯示品質的，叫做"據説明買賣(sale by description)"。此外，還有以商標名、標準品、規格等為基準的，它們分別叫做"據商標買賣(sale by brand)"、"據標準品買賣(sale by standard)"、"據規格買賣(sale by grade)"等，契約的定型化是隨業種及產品分類而形成的。

在這些類型中，"據商定標準買賣(sale by specifications)"乃是使當事者在品質等方面的合意同各業種的實際狀態相切合的類型，具詳明之優點，便於防止當事者之間在品質保證上紛爭不已，所以在當前的買賣契約中佔着中心位置。

2.2.2 具有法規的性質

在前面 1.1 節裏已經談到過，契約成立的必要條件乃是當事者雙方的合意。而買賣契約這玩意兒，即使沒有具體物品的交付及貨款的支付，如果買主和賣主通過事務所進行商討或通過電話的交談等，當事者雙方達成合意的話，契約也就成立。從這一點來説，買賣契約可謂典型的諾成契約。不過，國際買賣契約是少不了書面性之類的要件的，這問題已在前面 1.4 節裏談過了。

又，買賣契約是一種雙邊契約，即賣主負有交付物品的義務，買主負有支付貨款的義務。它也是一種體現當事者雙方所負有的義務是等價的有償契約。所謂雙邊契約，是説上述雙方之義務，原則上是同時履行的。比如説，當契約規定貨款的支付應在貨物交付之前或交付的同時進行的話，如果買主不如此支付貨款，賣主可以拒交貨物。

2.3　貿易條件定型化

在語言以及商業交易法不一樣的狀況下，會出現各種各樣的不便。為了對付這類問題，貿易關係者及商業團體作出了努力，以價格條件及交付條件為中心，貿易條件的定型化有所進展；以貿易用詞來體現習慣內容的做法正在固定下來，已對十多種類型的用詞有所規範化，諸如：Ex-factory（工廠交貨價、出廠價）、FOT、FOR（貨物車交貨價）、FAS（船邊交貨價）、FOB（本船交貨價、離岸價）、C & F（附運輸費）、CIF（附運輸費及保險費）、Ex-Ship（進港船交貨價）、Ex-Quay（碼頭交貨價）。尤其是那項由"國際商業會議所（International Chamber of Commerce）"作成的《有關國際貿易條件之規則（*International Commercial Terms 1953*, 簡稱：*Incoterms 1953*）》，可說是對國際交易中廣泛使用的貿易用詞之定型化作出了重大貢獻。不過，在美國，有其獨自的貿易慣習，用詞的意思也與《有關國際貿易條件之規則（*Incoterms 1953*）》有所不同，這是應該加以注意的。

2.4 日本買賣契約法的特徵

2.4.1 秉承大陸法體系的日本法

在日本，民法以及商法之類的法律是可以適用於買賣契約而進行解釋的。但是日本的民法商法體系原是秉承了以德國、法國等為中心的大陸法體系而製成的，屬於成文法主義那一流。它在構成上，是基於嚴密的理論性體系，多從明文的規定出發。而英國和美國的體系是案例法主義，是多從對付具體糾紛的案例羣集中生成的法理。相比之下，前者帶有難以應付日漸複雜而富變化的商業交易現狀的性質。

另外，日本的民法深受德國法典的影響，編法上是：在物權法、債權法、身分法之前，先列以總則，而在物權法、債權法、契約法之各法中，又分別設有總則。於是，適用於買賣契約的規定，便散見於這些總則、物權法、債權法(債權總則、契約總則、買賣契約)的各編、各章、各節裏，而商法總則、商業行為法等也以某種適用的形式散見於制定法的各個部位。從總則這一抽象性規定出發來立法，可見其抽象性理論先行的性質本就很嚴重。而法院為了填補這個制定法同實體的空隙，就得在一件件訴訟的裁決中作出煞費苦心的努力。由此可見，日本的案例法是在成文法主義的基礎上形成的。

2.4.2 偏重於買主的傾向

被買賣的貨物出現品質問題時，該由賣主承擔責任還是該由買主承擔責任的問題，乃是買賣契約中最為重要的問題。對於這個問題，應該看到，在日本的買賣法裏，有着買主要承擔比較重的責任的傾向。商法中的下述規定，可說很有代表性：

> 在商人之間的買賣方面，買主在得到其目的物時，須及時檢查，若發現品質有毛病或數量不足，卻沒有立即通知賣主的話，就不得因貨質有病或貨量不足而要求解除契約、降低貨價或賠償損失。如若被買賣的目的物有着不能立即發現的毛病，買主在 6 個月之內發現的話，情況同上。（商法第 526 條第①項）

這種圍繞着買主的檢查及通知義務而產生爭執的情況，出現過如案例 2.1 的情況。

由案例 2.1 可以看到，在日本法裏，買主方面被賦予這樣的義務：收到貨物後得及時檢查，發現品質有問題，就該發出通知。買主若因某些原因而沒能作此檢查，也就放棄了要求賠償損失權。這就是說，購入貨物時，買主就被賦予留神的義務，所以也成了買主的一大負擔。而在英國美國的買賣法裏，在這個問題上，將如下面所述，是相對地賦予賣主負有更重一些的責任。

1948 年 11 月 27 日，買主買到手一台舊的發電機。到第二年的 1 月 3 日，該發電機在該買主轉賣出去的地區作試營運轉時，被發現品質有問題。1 月 26 日，該買主向賣主發出通知，要求賠償損失。對於這一案例，法院認為：發電機的這個品質問題並非"隱匿難見的品質問題"，何況買主沒有按商法規定作及時檢查以及發出通知，所以不承認該買主的要求賠償損失權。（1951 年 1 月 30 日大阪地方法院裁決）

2.5　英美國買賣契約法的特徵

與大陸法體系採用嚴格的成文法主義相對，英美法體系是從具體事例的裁決案例羣集中產生，作為一種案例法而形成發展起來的。在英國，它已成為一種習慣法而趨於體系化，形成為今日英國的《動產買賣法（*Sale of Goods Act*）》這樣的定法。美國又起而繼承之，完成了獨自的發展。目前，美國的商業交易法是由各州根據各自的立法權來制定其商法。這些商法都以美國《統一商法典（*Uniform Commercial Code*，以下簡稱 U.C.C.）》為樣板，再加以若干修正而由各州採用的（路易斯安那州例外）。這美國《統一商法典（U.C.C.）》本是 1952 年後美國法律協會為統一各州的商事法而作成的。英美的商事法就這樣發展成為定法了，它們是從案例法發展而來的，英美兩國也藉此在國際經濟領域中起到了中心作用，反映了國際交易的實體，它們具備可以較好地與當前的商業交易之實體相對應的特徵。

另外，在英國美國之外的地區，由於這些地區的國家有不少優秀人士到美國的法學學校去深造，英美法律的思想方法便通過契約及交易實務得到了進一步滲透。而原來的英美法則，由於重視契約的傾向加強，看來是在給規制現代國際交易領域的交易習慣及商業慣習以強有力的影響。此外，猶如下面所述，在英美法則中，偏重注視賣主及製造公司的責任，所以在出口產品方面，務必要對這種法制具有充分的認識。從這一意義上來說，從事國際交易的人士要熟悉英美商事法的知識，是必不可少的事。

有鑒於此，我們應該把吸收了大陸法體系的日本買賣法，去與反映英美法則思想方法的美國統一商法典的買賣篇進行對照，來思考買賣契約上的應予留意之點。

2.6　國際買賣契約的成立

2.6.1　契約成立的必要條件：合意、約因、書面性

在日本，買賣契約也如同前面 2.2 節已經談過的那樣，需要當事者的合意才能成立。但是在英美法規中，除了合意這一要件外，還少不了蓋章證明（deeds）及˝約

因（consideration）"這樣的條件。這蓋章證明，乃是習慣法上的必要條件，而現今，蓋章的做法已被簡化，在美國，那個《美國統一商法典（U.C.C. 2-203）》正在廢除蓋章這個必要條件，所以說，它已不成為甚麼問題。而"約因"這個必要條件，乃是日本不常聽到的、卻是英美法規中固有的必要條件。所謂"約因"，就是"約定上的等價"，缺少"約因"的契約，是被視為沒有約束力的。買賣契約是雙邊契約，一般是符合這個要件的。而那種為確保海外買主支付貨款的、由第三者作保的保證債務，以及從海外引入技術時旨在獲得優先權的常用形式——選擇協定（Option Agreement）——那樣的單邊契約，如無"約因"，就很可能無效。在後一種情況裏，技術導入者方面如果就賦於的選擇（option）支付選擇費（option fee），這就有了"等價"，"約因"這一必要條件也就得到了滿足。此外，在英美法則的必要條件中，還有一點很重要，這就是屢次說到過的：為使契約具備約束力，要求書面性的東西。在《美國統一商法典（U.C.C. 2-201（1））》中，認為：交易在 500 美元以上的貨物買賣契約，若沒有書面的東西及當事者兩方面的署名，就沒有約束力。而在日本，法院裁決問題時卻認為：不論有沒有書面東西及署名，只要雙方合意，契約就成立，也具有約束力。這種在思想方法上的頗大差別，是必須加以注意的。

2.6.2 契約成立的過程：提議與承諾以及 表格定式

通過提議（offer）與承諾（acceptance）而意見一致並達成協議，以至契約成立，其具體過程是這樣的：

1. 首先，提議的生效是在其到達對方時開始的。這是各國法制通用的看法。提議者為使通過提議來締約的意圖形諸實效，從確定提議的有效時期（能予以承諾的時期）以至明白提議可能撤回上來說，就提議的到達來求取確認，當是十分重要的。

2. 關於提議的有效時期。凡定出承諾時期的提議，這時期內就為有效時期；而對並沒定出承諾時期的提議，則可認為該提議在相當的時期裏不能撤回。這是兩種法則體系在現今都加以採用的理論（日本民法 521 條 1 項以及 524 條；U.C.C. 2–205）。契約在這個承諾期間內得到承諾的話，就可成立。

但是，沒有指定承諾期間的提議之有效期間是不安定的，所以作出提議時，宜以下面這樣一類的表現，來限定承諾期間：

We offer until November 8, Tokyo time ......

　　本公司謹以東京時間 11 月 8 日為限期，提出下述提議邀約。

---

3. 關於承諾生效即契約的成立時期問題。除了德國法規之外，世界上許多國家採用以發出承諾信息時期為準的發出信息主義。英美法規徹底貫徹發出信息主義，認為承諾的答覆是在承諾期限內發出的話，契約便告成立。日本法規也基本上採用發出信息主義。不過，日本法規還認為：對於指定承諾期間的提議，當以在承諾期限內到達為生效的必要條件。

　　從提議者的立場來看，承諾的發出信息主義乃是那種：發出承諾的信息即使因某種與當事者雙方無涉的原因而沒有到達的情況下，契約也成立，而且提議者還不得而知。所以，提議者宜通過下述這一類的表現，就時期問題特別強調承諾為到達主義。

We offer subject to your acceptance received by us not later than Nov. 8 here......

　　本公司謹以貴公司的承諾在本地時間 11 月 8 日為止收悉無誤作為條件，提出下述提議邀約。

4. 此外，提議時，若有市場狀況、匯兌率變動、成本上漲之可能性等不穩定要因的話，用下面這樣的表現來體現本公司是附有最終確認條件作出提議的，當更方便。

We offer subject to our final confirmation ......

本公司謹以本公司獲悉最終確認為條件，提出下述提議邀約。

我方若提出這樣一類的表達，那末，對方即使承諾提議的內容，也須由我方再度加以最終確認才行，否則契約不算成立。這就成了：我方以留有再研究餘地的形式來誘出對方的反應。從法的立場上來說，對方的承諾答覆成了提議，而我方的最終確認成了承諾；所以提議伊始就附有最終確認條件的邀約，將被視作一種提議式的誘致。

5. 承諾時，欲就提議的內容加以一定的變更或附加條件的話，可視作是拒絕原提議或提出相對的新提議。這乃是各國法制的一般性理論（日本民法 528 條，習慣法），而在美國，除了提議時要求無條件承諾的場合，除了要實質性地變更提議內容及提議者於相當的期限內表述了異議的場合，除了變更承諾須以提議者同意為條件才能進行的場合，可以對於提議作變更承諾而使契約成立。這是應該予以注意的。

在實際事務裏，為避免發生對方就我方的提議內容加上根本無法接受的變更或附加條件而作出承諾的事態發生，當在提議伊始，用下面這樣一類的表現形式，明確表示：非無條件承諾即視作不予承諾。

Acceptance must be limited to the exact terms of our offer dated ......

請就本公司某年某月某日的提議內容為限，作出承諾與否的答覆。

對於對方提出的條項中有着我方不能接受的東西，也勿忘記迅速地發出書面拒絕。

We regret that your counter proposal as to_____is unacceptable ......

很抱歉，對於貴公司有關_____的反提案，本公司礙難接受。

6. 這裏來談一談有關表格定式之類的較量問題。在契約交涉的來來往往中起着重要角色的，乃是提議、反提議、變更承諾上的你來我去。提議及反提議（counter offer），是雙方想使有利於己方的條件，讓對方承諾，所以，一般是以契約書的形式把通常的交易條件納入而常備着。這乃是國際交易場上盛行的做法。進入交涉的當事者雙方，把載有有利於本公司內容的契約書樣式送交給對方，以期在有利於本公司的場地上進行交易方面的交涉。在英美國家的企業裏，由公司內的法務部門及公司內的律師製成這種契約書樣式，以準備進行表格定式上的較量（battle of forms）。案例 2.2 可說很說明問題：由於賣主作好了否認保證之內容的表格樣式，買主不得不收下品質不良的貨色。緊接着案例 2.2 的案例 2.3，則反映了外國買主靠着發送給日本賣主的訂貨單背面之文字條項而使日本企業陷於苦境。

案例 2.2　洛德利斯公司事件

　　1959 年，生產蔬菜包裝用袋的洛德利斯公司，向賣主巴特列德公司訂貨，購買生產包裝用袋時使用的粘着劑。賣主便就此項訂貨事宜，向買主發送了本公司的標準承訂書及發貨單，並在第二天發出了貨物。買主沒表示任何異議，付了貨款，付諸使用，結果發現粘着劑的品質有問題。但是，賣主在標準承訂書的背面標明了不承擔品質保證的責任，所以馬薩諸塞州的聯邦地方法院在 1962 年駁回了買主要求賠償損失的權利。

　　對於買主的訂貨，賣主以承訂書的樣式追加上了否認品質保證的條項，這當是一種反提議（counter offer），而買主未對此表示異議就支付了貨款，便失去了就不良貨物提出要求賠償損失的權利。這裏面很

重要的一點是：在通過書面之類明確表示承諾之外，一定的行為，例如支付了貨款，或者發生了商品的受領、開始使用、轉賣等，都被視作作出了承諾，契約也算成立的。這一理論是被很多國家的法制所認可的（日本民法 526 條②項《由意思實現帶來了契約的成立》：U.C.C. 2–207（3）《承認契約存在的當事者的行為》）。

案例 2.3　向美國出口契約的背面約款條項事例

　　日本的某開發企業在 1971 年突然收到來自美國的 10 萬美元的巨額訂貨，其後，該訂貨也有增無減。但是到 1975 年，訂貨停止了。仔細一查，才發現在第一次訂貨單的背面，注有貨款中包含着賣主廠商的主要設備折舊費，這不啻是表示在彼時點實質上將屬買主所有的條項，以致設下了賣主產品的銷售權及特許權也將被美國買主獲取的圈套。買主方面甚至提出了要求賣主企業解散以及合併到買主企業裏去的行為。於是，賣主根據反壟斷法提出了反駁，但交涉陷於困境，結果，身為發明家的該開發企業的社長，被逼至不得不撤離這一事業的狀況。

　　案例 2.2 及 2.3 說明，收到訂貨承諾書或訂貨單等形式的東西後，由於不怎麼當回事而照單收下，步

入交易，遂被逼入了困境。像案例 2.3 那樣的交易對手蓄意不良的事且作別論，看來對交涉過程中遞送過來的書面文件，必須仔細察看，不可一置了之。遇到不利於本公司的條件，必須作出書面性的拒絕，來答覆對方。這些做法當為不可變通的鐵則。

7. 對於在提案之前階段的預備性合意之留意點，已在 1.3 節裏談過了，可見預備性文書之類亦可被視作契約書的，因此千萬注意，別輕意地署名。另外，合意的內容如有不明確的地方，在英美法規中，可根據《Doctrine of Vagueness（不確定性的法理）》，作出對合意文書產生不明確性的當事者來說是最不利的解釋。鑒於這樣的法制以及有過這類案例，所以，在使契約的成立成為確實的東西時，務必要把當事者雙方的合意內容，在契約書裏明確而且詳細地表現出來。

8. 談一談承諾與否的通知義務及沉默不響的問題。至於收到提案的一方有沒有答覆義務的問題，日本法認為：商人在收到來自某種程度上繼續交易關係的對方之提案時，凡是不立即作出承諾與否的話，可視作承諾（商法 509 條）。

　　在英美的法規上雖沒明確載有承諾與否的通知義務問題，但是在上述的那個書面性問題上，涉及到這樣的規定：收到買賣契約確認書的一方，若在 10 天之內沒表示拒絕，可作滿足了書面性要件論。這實質上是規定了承諾與否的通知義務（U.C.C. 2–201

(2))。從這一點來看也可明白：把對方送來的書面東西一置了之或漫不經心地插進文件夾算數之類的事，是非常危險的事。

9. 有時交涉之當事者雙方發出的提案會發生交叉。出現這種情況時，日本有兩種相對立的看法，既有承認契約成立的，也有認為契約不成立的；而在英美的案例中，多持契約不成立的見解。不管怎麼說，認為契約成立當由一方的再承諾為準這樣的對待法較好。

2.7　賣主及買主的權利和義務

2.7.1　賣主以及買主的基本權利和義務

在現代買賣法裏，賣主負有把符合契約的產品的所有權轉移給買主的義務；而買主對此負有支付契約規定的貨款的義務。另一方面，買主持有要求交付符合契約的產品的權利；賣主持有要求支付貨款的權利。這些是各個國家都有的法規。

【日本民法 555 條】
賣主的義務："財產權移至對方手中"。
買主的義務："支付貨款"。

U.C.C. 2-301: The obligation of the seller is to transfer and deliver and that of the buyer is to accept and pay in accordance with the contract.

在這裏應該予以注意的是：在日本法裏，買主的義務只是支付貨款的義務；至於受理貨物的事，不是義務。與此相對，猶如英美法規的《美國統一商法典（U.C.C.）》所明文規定的那樣，支付貨款義務加上受理貨物義務乃是買主的義務。

2.7.2　所有權的轉移及風險負擔

所謂賣主的貨物交付義務，是説：貨物的所有權當從契約成立時至契約履行完了為止的某個時刻，由賣主移至買主，貨物失卻、破損之類的風險負擔亦在此時由賣主移至買主。當事者雙方若在契約裏就貨物的所有權轉移時期以及風險負擔的轉移時期作出規定，當為有效；若沒有這類特約規定時，在國際性交易中怎麼來理解，也就成了問題。

日本法裏就所有權的轉移問題，只有民法 176 條中的"據當事者的意思"這樣的規定，而從案例理論來看，凡屬一般的大宗商品的種類上列名的商品（稱作不特定物）者，在"目的物特定時"，所有權轉移至買主手中；風險負擔也如此，不特定物者是在"確定時點"（民法 534 條②項）裏，成為買主負擔。這裏的"特定"及"確定"的具體意思是指："貨物交付的必要行為之完成（民法 401 條②項）"，即到貨買賣的話，指在到貨地之交付地點交貨；卸貨買賣的話，指在發貨目的地之交付地點交貨。日本法規對於所有權及風險之轉移的考慮法，因民法條文的抽象性和不明確性，由案例帶來的解釋也就成為相當不安定的東西（況且，不屬一般的大宗產品那樣的特定物，其所有權及風險是與契約同時轉移給買主的）。

而英美法規在這個問題上，特別是《美國統一商法典》，設有接合實體的明文規定。關於所有權的轉移問題，《美國統一商法典（U.C.C. 2–401）》規定：在契約產品的"確定（identification）"及"物理性交付行為完了"時，即到貨交付者，為裝船的時點（at the time and place of shipment）；發貨目的地交付者，為在彼地提交時（on tender there），所有權移至買主手中。關於風險的轉移問題，《美國統一商法典（U.C.C. 2–509）》就與交付有關的事宜而規定：到貨交付者，為交付給輸送人之時點（when ... duly delivered to the carrier）；發貨目的地交付者，為在彼地提交之時（when... duly tendered there），風險移至買主手裏。此外，在《美國統一商法典（U.C.C. 2–319~322）》裏，進而就"FAS"、"FOB"、"C & F"、"CIF"、"Ex-ship"諸類型，規定了賣主以及買主的具體性義務：到貨交付者，為裝船的時點；卸貨交付者，為貨卸時點，風險移至買主手上。關於在當今的買賣契約裏被廣泛使用的"CIF"、"FOB"等買賣條件，日本法規完全沒有觸及，而《美國統一商法典》對此作了具體規定。從這一點來看，也可以說英美法規是反映了當今之交易實態的法制。另一方面，對於作為貿易慣習而形成的"CIF"、"FOB"等貿易條件，其旨在努力作出國際性統一化的解釋上，已如上面的《貿易條件定型化》中所談，頗有建樹。而在《有關國際貿易條件的規則（Incoterms 1953）》裏（見 2.3 節），就"CIF"、"C&F"、"FOB"等，提出："貨物於泊船港口，從該船的舷側欄杆通過時起，有關該貨物的一切風險問題，全由買主承擔"，到貨交付的場合，以"物理性的交付行為完了"為時點。這種具體的解釋標準，當是很有力的。不過，只有美國，鑒於陸上交付的交易發展很快，遂就"FOB"定出到貨交付及卸貨交付之雙類型式，上述的《美國統一商法典（U.C.C. 2–319）》裏，也就定出了到貨交付和卸貨交付這樣兩種類型。這是應該予以注意的。

案例 2.4 "CF & I"條件下的鋼鐵出口事件

1958 年，倫敦的賣主，以"CF & I"之貿易條件，締結了出口鋼鐵的契約。船從倫敦港啟航後，因遇海難而須修理，船長便以船及貨物作保行之。因修理費未付，船抵目的地後，船和貨物即被"強制執行"而付之拍賣了。買主已就載貨票據及保險票據支付了貨款，所以提出還款的要求。然而這項貿易條件說明裝船後的風險歸買主承擔，法院遂據此駁回買主的要求。

這個案例 2.4，是國際買賣中就風險承擔問題發生爭論的事例。在當今也為最典型之貿易條件的"CIF"買賣，交易條件乃是到貨交付，在裝船這一時點，有關貨物的風險就由賣主移至買主，賣主不再負有責任，於是貨物在航程期間受到"強制執行"，買主沒能收到貨物，也不能要求賣主歸還貨款。

　　從賣主的立場來說，貨物交付義務的界限，當然是以交易採用的貿易條件為主，來劃定的。所以，限定賣主的裝船時點的義務，不至於不當地擴大其承擔這方面的風險，宜在買賣契約的背面契約裏寫入下面一類的規定。

Shipment

Shipment within the time stipulated on the face of the Contract shall be subject to the availability of ship's space. The date of the bill of lading shall be conclusive evidence of the date of shipment. If the contract is on an FOB or FAS basis, Buyer shall charter a vessel or secure ship's space.

裝船

　　契約書正面所定的貨期內的裝船，以能確保船艙的貨位為條件。載貨票據上的日期乃是裝船的決定性證據。本契約屬"FOB"或"FAS"類型的話，須由買主預定船艙而確保船艙的貨位。

Title and Risk

Unless otherwise specified on the face of the Contract, the title and risk of the Goods shall be transferred from Seller to Buyer from such time as the Goods shall have effectively passed the ship's rail at the port of shipment.

所有權及風險

只要契約正面無不同的規定，貨物的所有權及風險，以貨物於泊船港從該船舷側欄杆有效地通過為準，就由賣主移至買主手中了。

此外，猶如《貿易條件定型化》一項裏已談，為應付美國與其他地區之間的貿易習慣之相異，貿易條件的解釋上宜設置"根據《有關國際貿易條件的規則（Incoterms 1953)》"這一類的條項，以求安全。

Trade Terms

The trade terms used in the Contract, such as CIF, C & F and FOB shall be interpreted in accordance with "Incoterms 1953".

貿易條件

本契約所使用的"CIF"、"C & F"、"FOB"之類的貿易條件，當據《有關國際貿易條件的規則（Incoterms 1953)》予以解釋。

這樣一來，比如在《有關國際貿易條件的規則 (Incoterms 1953)》裏規定了：屬 "FOB" 及 "CIF" 者，貨物的風險承擔當於貨物從泊船港的該船舷側欄杆通過時，由賣主移至買主，所以，得為自彼時點之後成了風險責任承擔者的買主安排保險事宜，屬 "FOB" 者，由買主自己安排；屬 "CIF" 者，由賣主安排。

另外，不可抗因素條項也不可缺。關於不可抗因素這方面的意義，可參閱《國際契約的形式和一般條項》(原書 P.18) 的有關論述；至於英文的文例，請參閱 (原書 P.100)。

2.7.3 賣主的保證責任

案例 2.5 對美國的食品出口事件

日本企業的加利福尼亞支店接受了該州買主的一項訂貨後，將該出售的大量食品置於紙板箱，達到裝船數量的最終條件時，運去賣掉了。買主收到貨後，連紙板箱一起，原封不動地放進倉庫裏。事隔 7 個月後開箱檢查，發現數量不足，便提出訴訟，要求依據 "違反保證" 給予損害賠償。1959 年，美國聯邦的地方法院根本不問檢查的時期問題而承認買主的要求。

1815 年，在英國的某紗絲頭買賣中，沒有在契約書裏就品質作過甚麼特別的規定，但是賣主提供的貨色，顯然品質極為低劣。結論是：提供的貨色雖無品質判斷基準，但賣主有義務提供符合契約上"紗絲頭"之名義説明（description）的貨色，遂承認買主的要求賠償損失權。

案例 2.6 這則歷史上的判例説明：在説明買賣中若有就某商品的説明（description）的話，那末，商品就該具備符合其名的品質，這叫商品的默示性保證。

與賣主之基本性義務的"交付符合契約的物品之義務"相關，所有的法制都就交付物品的品質及數量等問題，規定了賣主的擔保責任。日本法也就債務問題，而在民法 415 條裏規定了"據債務本意"履行的義務；還在民法 561 條至 572 條裏，就物品的數量不足、品質上有問題以及權利上的限制問題，規定了賣主的擔保責任。

在英美法規中，例如在《美國統一商法典》的 2-312 至 2-318 裏，就所有權的完全性、權利侵害的不存在以及物品的契約適合性，規定了明示或默示的保證。當然，日本法規也好，英美法規也好，都認為：契約在合理性的範圍裏，規制及加重賣主的擔保責任和品質保證，是有效的。特別是英美法規，猶如下面要談到的，已就特約帶來的保證責任之否認及限定方法，定出了具體的規則，所以有必要好好認識而在實際事務中予以活用。英美法規裏的賣主之保證責任的體系，在《美國統一商法典》中有着極為明確而具體的規定，簡言之的話，內容大致如下：

1. 明示的保證，來自這樣幾種情況(《美國統一商法典 (U.C.C. 2–313 (1)》)：

   (a) 賣主對買主的確定性的發言及約定。

   (b) 就物品作出的說明。

   (c) 樣品或模型。

2. 默示的保證：

   (a) 所有權完全且正當性的轉讓保證，以及權利無限制者，原則上保證成立。不過，凡屬賣主明確否認及賣主不表示所有權者，或者買主知道賣主不過是有可能持有所有權者，則不在此限(U.C.C. 2–312)。

   (b) 商品性的默示保證，是指：據契約上的說明，交易上可無異議地通用者；使用替代物的話，須具備說明範圍內的平均程度之品質者；在適合通常的目的且獲得雙方合意的限度內，具有相同種類、品質及數量者；與表示的說明吻合者(U.C.C. 2–314)。

   (c) 所謂特定目的之適合性，是說：當買主表示購貨目的並信賴賣主的判斷而買入時，賣主便就物品的特定目的之適合性，負有默示的保證責任（U.C.C. 2–315）。

這裏有一點很重要：英美法規裏的賣主的保證責任，猶如上面案例 2.5、2.6 及 U.C.C. 2–312 以下條項諸規定的內容所示，在承認有關商品性及適合性方面的默示保證上，是頗嚴格的。而日本法裏沒有有關默示的擔保責任之類的規定，賣主的負擔便相對地較輕，而且猶如案例 2.1 所示，在商品到手後 6 個月以內，若買主沒檢查也沒通知，則不承認買主的要求賠償損失權。相比之下，兩法規的差距是相當大的。從賣主(輸出者)的立場來看是偏重考慮契約上輸出者的品質保證責任之法制，在海外很風行，所以輸出者應予以注意。至於從賣主的立場出發，有關風險承擔問題該如何予以限定才好？將在下面一項的《契約不履行及救濟》中予以討論。

如果反過來站在日本企業從海外購入產品或零件的立場上來看問題，那末，由於海外風行賣主的保證責任體系，當可充分活用這種法制，去着意締結賦予賣主之明確保證的契約書或明細說明書之類。

2.8 契約不履行及救濟

案例 2.7　海納肯啤酒公司事件

美國某金屬公司以貨到手後檢查為條件向荷蘭的
海納肯啤酒公司輸出大型不銹鋼容器。買主經過檢
查，退回一部分，收下一部分。其後，由於發生啤酒
漏溢而提起訴訟，要求賠償損失。1956 年，新澤西
州法院作出裁斷：由於買主已進行專門性檢查，所以
賣主的保證責任不予追究。

賣主或買主若不各自履行契約規定的義務時，當事
者的另一方可以就這種契約不履行要求各種各樣的法的
救濟。案例 2.7，是就買主經檢查而收下的貨物事端，
而不承認買主的救濟要求。案例 2.2 是說賣主交付給買
主的貨物事實上雖有問題，但賣主在契約上不承擔品質
保證責任，所以買主的救濟權也不予承認。與之相反，
案例 2.6 是就貨物的品質不良問題而承認買主之救濟要
求的例子。這種在買賣契約裏的契約不履行問題，是怎
麼一回事？遭到不履行的一方有甚麼樣的要求救濟方
策？在這個問題上，日本法規與英美法規又各自有着甚
麼樣的特徵？下面就來談一談。

2.8.1 契約不履行的一般類型

在日本法裏，把不履行債務之本旨者，總稱為債務不履行(民法 415 條)現象，而債務不履行的三種狀態如下：

1. 履行滯宕

   有履行可能而不履行者(民法 412、541 條)。

2. 履行不能

   因債務者方面的責任問題而出現不能履行者(民法 543 條)。

3. 不完全履行

   債務者的不完全履行而使債權者蒙受損害者。

債務不履行有以上三種情況。至於賣主已按契約提供目的物，而買主隨意不領取者(這叫領取延宕)，這不作為債務不履行論。在這種情況下，買主不過是該承擔一種單純的信義方面的責任。這是與那個認為貨物領取的義務不是買主的義務相對應的思想方法。

而在英美法規裏，作為違反契約的狀況，通常有這樣一些類型：

1. 履行滯宕(failure to perform)，不就已約定條項而履行者。

2. 拒絕履行(repudiation)，約定者表示無履行債務之意者。這種拒絕履行裏，存在着下述幾種情況：

（1） 期前拒絕（anticipatory repudiation）

在履行日期來到之前，債務者以語言或行為來表示無意履行者。

（2） 默示的拒絕履行（implicit repudiation）

拒絕履行的意思沒作明示性的表示，而是由行為來顯示。例如：賣主把目的物賣給了第三者，債務便因約定者該負責的事情而造成履行不能之類（impossibility of performance created by one party）。

3. 妨礙履行，債權者妨礙約定好的履行也是一種違反契約的行為。其中包括延宕領取。這是英美法規與日本法規不同的地方，是與買主有領取貨物之義務相對應的。

如上所述，兩種法制在承認履行滯宕類型這一點上，是一致的；不過英美法制不列不完全履行這個分類，而設有拒絕履行這一個債務者用明示或默示表示出不履行之意的類型；此外，它還承認妨礙履行這個類型，把延宕領取作為違反契約的表現之一來對待。

2.8.2 關於救濟的一般性規定

在債務者不能履行契約時，各國法制都規定了一些補救辦法，諸如要求債務者予以履行、賠償損失、解除契約、在國家（法院）的協助下進行強制履行等。

日本法規裏有關補救辦法的各項規定，概言之，有以下一些：

1. 強制履行，在法院的協助下，盡可能地使債務者兌現債務本身的內容。方式有：①直接強制（使應予交付的物品予以實際交付）。②代替執行（由第三者替而代之，兌現債務）。③間接強制（第三者不能替代了結的債務，由賠償損失的心理性壓力予以間接履行）等（民法 414 條）。
2. 要求賠償損失（民法 415 條）。
3. 解除契約，有基於履行滯宕的解除契約（民法 541 條），有基於履行不能的解除契約（民法 543 條）。

　　如上所述，日本法有關基於契約不履行的補救方法的特徵，乃是作出規定，通過國家的強制力來確保契約上權利的效力。

　　而英美法制有關補救方法的特徵，乃是：法院因契約違反事宜而介入並能夠強制債務內容之本身履行者，只限於金錢債務；至於對其他一些債務，原則上只可要求（claim damages）賠償損失。特殊情況，可以要求作出命令債務內容本身兌現的裁決。債務內容為債務者之“作為義務”時，命其本身履行的為特定履行（specific performance）命令；債務內容為債務者之“不作為義務”時而行者，為對契約違反行為作出禁止命令（injunction）。還有，就違反契約行為而解除了契約的當事者，若有向對方交付了錢款或貨物之情況，則可有要求歸還的“原狀回復（restitution）”。在這個問題上，美國是廣泛承認"原狀回復"的，而英國的承認，限於錢款的歸還。可見英美法規多少是有些差異的。

2.8.3　買主的契約不履行及賣主的對策

賣主或買主作出了某種違反契約的事時，例如買主不支付貨款啦，或是在支付貨款上發生了重大問題啦；例如賣主已據契約提供了物品，但買主沒有理由地不領取時；對賣主方面有沒有甚麼救濟手段？下面來概述一下日本法規及英美法規在這些方面有甚麼樣的差異。

1. 在日本法規裏的賣主之救濟手段

(a)對貨款不支付以及貨款支付很不可靠時的救濟手段

在日本法規裏，就這個問題對賣主的救濟規定，散見於民法、商法、破產法等條款中。茲將當事者之間的特約設定也包含在內，整理、歸結如下：

(1) 可要求支付貨款，可要求據履行滯宕造成的損害賠償（民法 414 條，415 條）。

(2) 對運送中的貨物，可中止運送、撤回以至予以處理（運送品處理權──商法 582 條）。

(3) 獲悉買主宣告破產的話，可在買主沒領取時撤回運送中的貨物（賣主的貨物撤回權──破產法 89 條，公司更生法 64 條，和議法 4 條）。這只限於破產、和議、公司更生之場合有效，對於一般的不能支付貨款事，是不適用的。為能在一般不能支付時也可有撤回權，則需要在契約裏商定。

（4）若在契約裏締結有"期限利益喪失約款"——"當賣主判斷出買主的財產狀況已趨惡化時，貨款支付期限可按賣主的通知而立即到來"——則賣主可使用同時履行的抗辯權，保留貨物的交付行為（民法 533 條）。

（5）契約裏若就"不支付貨款及發生財產狀況惡化時賣主有解除權"之商定條款的話，則可以解除契約、原狀回復（撤回貨物）、要求賠償損失等。

（6）在買主的財力、支付能力上有欺詐及誤、錯時，可以要求因之而取消或無效（民法 59 條，96 條）。

（7）在保留物品之所有權的條件下予以交付。

（8）就貨款支付債務的擔保權之使用——先得權（民法 311 條 6 號，322 條，304 條）之類。

（9）就貨款支付債務，尚有立保證人這個辦法。商人之間的保證契約為連帶保證（商法 511 條②項）。

（b）對貨物領取延宕的救濟手段

日本法並不認為貨物領取延宕是買主的債務不履行，所以賣主沒有契約解除權或要求賠償損失權。對賣主，只是不作為"交付義務不履行"，可不承擔責任罷了。不過，賣主對買主不領取的貨物，可以委託保管或拍賣後充作貨款(商法 524條)。因此，在契約裏有必要列入"領取延宕時，賣主當有解除權及要求賠償損失權"。

如上所述，日本法裏有關救濟的規定，除了通過國家的強制力予以強制履行之外，還有一些零散的具體救濟手段。可見當事者可通過特約來設置上述那些旨在彌補不足的物品保留權、撤回權、解除權之類。

2. 在英美法規裏的賣主之救濟手段

英美法規在這個問題上，就賣主的具體救濟手段作出了明確的明文規定。與日本法規相比，其內容的特徵是對賣主更有效果性。

在《美國統一商法典》的 2–703 條裏，設有下述有關對賣主之救濟的總括性的規定，還在 2–702 至 710條裏，詳細規定了各救濟手段的行使方法。

買主拒領貨物，賣主可獲得的救濟手段(seller's remedies)：

(1) 物品交付的保留(withholding delivery U.C.C. 2–703 (a))。

(2) 運送中止，交付停止(stoppage of delivery U.C.C. 2–705)。

(3) 物品的特定(identification of goods U.C.C. 2–704)。

由此手段而產生了下面(v)的救濟手段。

（4）物品不得不轉賣時，可要求賠償蒙受的損失（resale U.C.C. 2-706）。

損害賠償額的算定方法亦作有具體規定。

契約價格 - 轉賣價格 + 附帶性費用 - 賣主的費用減少部分。

（5）要求賠償損失（damages）

物品領取延宕（non-acceptance），是指物品提供上因特定（U.C.C. 2-507）而發生買主不履行領取物品的義務，即：可視作契約不履行之一的妨礙履行來對待而要求下述這樣的損失賠償額。

損失賠償額 = 契約價格 - 市場價格+ 附帶性損失賠償 - 賣主的費用減少部分（U.C.C. 2-708）。

特定物品不能以相當的價格轉賣時，特定後物品若有遺失、毀損者，可要求得到物品的貨款部分及附帶性損失賠償。

（6）物品的撤回權（reclamation remedy U.C.C. 2-702）。

買主在不能支付貨款的情況下，卻通過信用買賣領取了物品，這時，賣主可在買主領取後 10 天內，要求收回物品。如若是在物品交付前三個月已就支付能力有過不誠實的表示，則沒有 10 天之內提出要求這個限制而具有貨物的撤回權。

　　與日本法規相比，英美法規對一般不能支付，是承認撤回權的，這對賣主的救濟，是極有效果的規定（可參閱下面的案例 2.8）。

3. 契約上的處理

　　對於上述那種貨款不支付、貨物領取延宕之類，作為賣主，宜在買賣契約書的背面約契中設下關於"契約不履行"的條款，具體而明確地記明賣主的權利——解除契約、物品轉賣、物品的交付保留、裝船延期以及賠償損害等。

Default

In the event Buyer fails to perform any of the terms of the Contract, including payment for any shipment or in the event of change in organization or insolvency or bankruptcy of Buyer, Seller has the right to cancel the Contract or to delay or stop the shipment of the Goods or to claim damages.

契約不履行

　　買主對於包括裝船的費用支付在內，就契約的某條件不予履行、或有買主的組織機構發生變更或支付不能以及破產之事時，賣主可有解除契約、延遲乃至中止貨物的裝船以及要求賠償損害的權利。

特別是有關貨款支付義務的履行問題，宜在關於"貨款支付"的條款裏，明確寫明這樣一類的話──買主有義務委託買主所在國家的具實力之銀行，開具由此銀行保證支付的、不能取消的信用書；若做不到這一點，賣主則有權延遲或中止裝船、解除契約以及要求賠償損失等；此外，只要沒有不同的特約，買主就有義務以締結外幣結賬之契約時的匯兌率，換算成日圓予以支付。

Payment

Buyer shall establish in favor of Seller, an irrevocable confirmed letter of credit through a prime reputable bank. The terms of such letter of credit shall be in strict conformity with the Contract. Failure of Buyer to furnish such letter of credit is a breach of the Contract.

It is agreed that the price specified herein is calculated at the exchange rate on the Contract date. In case of any change in such exchange rate on the date of payment, the price shall be adjusted so as not to decrease Seller's income in Japanese Yen.

支付

買主得通過具實力的銀行開具不能取消的確認信用書。該信用書的條件當與本契約嚴格一致。買主若不提供信用書，作違反契約論。

本契約所定的價格，據商定，當以締約日的匯兌率來計算。若支付之日，該匯兌率有所變更的話，當以賣主到手的日圓額不至於減少為原則，對價格進行調整。

案例 2.8　美國買主倒產事件

　　為向美國的鋼鐵公司出口鋼鐵，日本商社於 1968 年 2 月締結了契約，而在此前後，對買主進行了信用調查。結果是認為買主的信用狀態良好，遂定出了支付條件為 90 天。4 月份，日本的廠商出貨，6 月份，貨抵達休斯頓港，但在 6 月末，買主申告破產。賣主在 7 月末獲悉此事，遂欲行使運送中貨物的撤回權，但是德克薩斯州聯邦地方法院認為：2 月份進行信用調查時，買主是就支付能力作了不誠實的表現，但是，這是貨物交付之前 3 個月的事，而據《美國統一商法典》的 2-702 (2)，不足成為撤回權的必要條件，所以不承認日本商社的撤回權。買主的支付不能狀態，實際上是在 5 月份的監察報告中得以明確的，若在彼時獲悉事態，當可行使撤回權，但是賣主錯過了這一機會。

　　案例 2.8 是說：在買主不能支付貨款以及破產之類的情況下，賣主可否據上述的 (2) 之 (vi) 所談到的《美國統一商法典》而行使物品撤回權。這則案例說明：如果賣主在契約上寫明具物品撤回權的同時，還課以買主有報告財務狀態之義務的話，則賣主能在經常掌握買主支付能力的狀態之同時，得以有效地行使撤回權。

4. 賣主之保證責任的限定

正如上文 2.7.3 在介紹美國統一商法典的規定時所談到的，對於有關賣主在物品之品質方面的保證責任，比起日本法規來，英美法規有相對地偏重賣主之責任的傾向，所以輸出業者應加以注意。從賣主的立場來說，宜在上述之救濟策的同時，尤該於契約書的背面約款中詳設限定以至否認賣主之保證責任的規定，這是很重要的事。

關於賣主之保證責任的否認問題，在美國統一商法典裏定有下述之類的具體方法。

● *保證的排除及修正(U.C.C. 2-316)*

(a) 保證的排除及限定，必須在與明示的保證不矛盾的情況下進行。

(b) 排除及限定商品性的默示保證時，必須用醒目的大寫字母之類作出明瞭的記載(顯著性原則)。

(c) 適合特定目的的排除及限定，寫明"契約書表面的記載以外不存在保證事"，已足夠。

(d) 若有"一如現狀"、"悉如原疵"之類的表示，可排除及限定默示的保證。

(e) 締約前，若買主曾就物品或樣品作過如願的檢查或者拒絕檢查的話，默示的保證就不存在。

● 保證問題之間的主次順序(U.C.C. 2-317)

(a) 規格明細單要優先於與其有矛盾的樣品、模型、說明之類。

(b) 大量物品中抽出的樣品要優先於與其有矛盾的一般性說明。

(c) 明示的保證要優先於特定目的適合性以外的默示保證。

除以下規定之外，對於買主的要求賠償損失權之類的一般救濟策，在當事者達成合意時，可以有制限(U.C.C. 2-719 (1))；但在消費者製品方面，若就賣主違反保證而產生通常的損害予以保證制限，是違法的；而商業性損失不作為違法論(U.C.C. 2-719 (3))。另外，包括要求賠償損失權的行使期間問題在內，提出訴訟的制限，可在當事者達成合意之情況下，為 1 年至 4 年(U.C.C. 2-725 (1))。

由此可見，在企業之間通常的國際買賣裏，從賣主的立場出發，宜在契約中寫明具備下述要點的否認保證之規定。

(a) 在當事者合意的產品說明書所定出的範圍裏，賣主負有保證責任。

(b) 買主有檢查物品的義務，對於經檢查能發現的毛

病，若不在檢查後立即提出要求賠償損失，賣主可
得以免責。

(c) 對於內藏的毛病，即通常檢查時不能發現的毛病，
要求賠償損失權的時期，可作這樣一類的限定：
"自裝船日起若干週內以書面提出。"

(d) 保證責任限於物品的調換。

(e) 通過產品說明書等限定用途、特定使用方法，若有
違則使用，賣主不負責任。

(f) 對於基於製造物責任的來自第三者的要求，宜在物
品以及附帶的使用方法說明裏，寫清注意事項。

(g) 不承認間接損害以及結果損害方面的責任。

(h) 對於不存在工業所有權受侵害的保證，賣主可不予
以承擔。

(i) 對於其他一切明示或默示的保證，悉予否認。

擁有上述內容的否認保證條項之英文表現法，請參
閱第 3 章"海外代銷店契約"的第 5 條 Warranty 之英文
文例。

下面來看一看在否認保證上發生問題的海外之實際
案例。

案例 2.9　阿拉斯加太平洋鮭公司事件

　　1940 年，美國的阿拉斯加太平洋鮭公司從雷伊諾路茲金屬公司購進速成湯料包裝用的金屬箱時，發現防濕功能有毛病。但是，在賣主與買主的買賣交涉過程中往來的訂貨單及承諾書裏，明記有："賣主除負責貨物與產品說明書（Specifications）內容相符之外，不承擔其他保證責任。"況且，該訂貨單的產品說明書裏光載明了金屬箱的規格及大小，絲毫沒有涉及防濕功能的內容。因此，買主的要求賠償損害是不予承認的（1947 年，聯邦控訴法院裁決）。

案例 2.10　荷蘭球根買賣事件

　　荷蘭的園藝公司向美國德克薩斯州的買主輸出了球根，但是這些球根沒有一個發芽的，買主便拒絕支付貨款。賣主為此提起訴訟，要求對方付款。由於契約書上列有這樣的條款："對於球根的植種、促成、開花之結果，概不作保證。"所以在 1951 年，德克薩斯州的法院認為：買主在知道無保證條款的情況下締結的契約，使買主受到了束縛，判買主敗訴。

除上述這兩個案例外，前面介紹過的案例 2.2 的洛德利斯公司事件等，也是因契約書上的"否認保證"條款而保護了賣主的典型性案例。而案例 2.7 的海納肯啤酒公司事件，說明買主方面對貨物的檢查，致使賣主方面的保證責任有了限制。

在這一些情況裏所使用的一般性保證否認條款，英文部分也要用大寫字母明確地寫上這一類內容：

WARRANTY

UNLESS STIPULATED ON THE FACE OF THIS CONTRACT, SELLER MAKES NO WARRANTY EXPRESSLY OR IMPLIEDLY, AS TO QUALITY, MERCHANTABILITY, OR FITNESS FOR ANY PARTICULAR PURPOSE OF THE GOODS. SELLER SHALL NOT BE RESPONSIBLE FOR ANY INFRINGEMENT WITH REGARD TO ANY INDUSTRIAL PROPERTY RIGHT.

保證

只要本契約的表面沒有甚麼定款，對於物品的品質、商品性、特定目的適合性等，賣主不存在任何明示或默示的保證。對於一些工業所有權的侵害問題，賣主亦不承擔責任。

2.8.4　賣主的契約不履行及買主的對策

案例 2.11　鍋爐買賣事件

　　某洗染業者為擴大事業，從某機械廠商那裏買進鍋爐，以 6 月 5 日交貨為約，締結了契約。賣主既知道買主的事業，也明白買主希望盡快使貨到手，但是鍋爐製成後，在移動時有些損傷，遂因修理而於 11 月 8 日交貨。買主提出訴訟，要求賠償損害，認為事業擴大後可獲得的利益（每週 16 英鎊）以及從軍需部訂貨可獲的特別利益（每週 262 英鎊）不翼而飛了，應予以賠償。1949 年，英國控訴院認為：通常情況下的損失，是可以預計的，應予賠償，而軍需部的訂貨部分之損失，賣主可不予賠償。

案例 2.12　衣料買賣事件

　　這是有關 4 筒一級規格之衣料的買賣事件。買主認為有兩筒與訂貨之要求不合而拒收，遂只支付兩筒衣料的貨款。賣主不同意部分領取的做法，為要求得到 4 筒衣料的貨款而提出訴訟。1922 年，紐約上訴法院認為：在貨物可以分開的情況下，對於不符合契約要求的部分，買主沒有支付貨款的義務，駁回了賣主的要求。

賣主的契約不履行，大致有兩種狀態。一是不交貨，猶如案例 2.11 所示，到了交貨日期而沒有交付目的物。二是交付不符合規定的貨物，猶如案例 2.12 所示，交付品質上有問題的物品。

對於賣主的這類契約不履行事，買主方面可有甚麼樣的救濟手段呢？日本法規與英美法規在這一點上有着怎樣的差別呢？下面就來談談這個問題。

1. 日本法規裏的買主之救濟手段

● 對於不交付物品時的救濟手段

（1）要求交付物品以及強制履行

正如《關於救濟的一般性規定》中所述，日本法規有着強制履行的規定。此乃一大特徵（民法 414 條）。

（2）可以解除契約、拒受物品（民法 541 條）。

在商務買賣裏，若有不能在規定期間內領取物品者，契約的目的便不能達成，隨着期限已過，契約當然被解除（確定期買賣的當然解除——商法 525 條）。解除權是很容易得到承認的，而欲接收物品的交付時，該在交付期限之後立即要求交付。

（3）可要求因交付延宕帶來的損害賠償（民法 415 條）。

在契約時期，當事者之間可預商損害賠償問題；對於物品不交付事，可要求預定賠償額(民法 420 條)。至於預定賠償額,法院也無權予以增減;損害賠償的預定事宜,悉由當事者之間自行商定。

● 對於交付不符合規定之貨物的救濟手段

與其他不履行的場合相比,日本民法在這一點上設有比較詳細的規定。

(1) 基於民法 561 條至 572 條的賣主之擔保責任的規定,買主可採取下述之救濟手段。

凡產生品質有問題、數量不足以及交付物品有權利上的制約時,可要求減低貨價、要求賠償損害以及解除契約(因該品質問題而使契約之目的不能達成時)。

不過,買主對賣主的擔保責任之追究問題,設有如下限制,這成為買主在救濟上的一大負擔。

(a)商事上的買主,負有領取物品後及時檢查以及通知存在品質問題的義務(商法 526 條,買主的目的物檢查・通知義務)。所以說,對於由通常之檢查可以發現的品質問題,若不在領取後及時通知對方,則沒有賠償損失權。

(b)對於由通常之檢查不能發現的品質問題(所謂隱蔽的毛病),當依商法 526 條,須在六個月以內發現並立即通知對方。

當然，為避免上述的負擔，若在契約裏商
定延長"要求賠償損害權"的期限或者"買
主不負有檢查義務"，都是有效的。

（2） 可要求交付符合契約的物品（替代物要求），
可要求對不合格物品進行修補。

對於"替代物要求"及修補要求權，民法
和商法都沒有明文的規定，但解釋上是承認：
發生"不完全履行"時可有要求完全履行權。

當然，契約裏若寫明："發生交付不合格
貨物時，買主有權選擇：要求提供合格品、
要求修補或者解除契約"，無疑是有效的。另
外，關於這些權利的行使期問題，既有"一年
說"（據民法 566 條類推），也有"五年說"（據
商事債權之消滅時效）之類，多不明確，所以
在契約裏有予以明確之必要。

日本法規裏就買主的救濟規定，如上所
述，在擔保責任的規定之外，尚有賴於抽象
性的一般規定，救濟手段的具體內容是不明
的。此外，賣主的擔保責任雖有具體記載，
但對買主賦予檢查義務及行使期限等，有使
買主負有注意義務及實務負擔的傾向（買主注
意傾向）。這是它的特徵。

2. 英美法規裏的買主之救濟手段

而英美法規在這個問題上，是具體而且明確地規

定出對買主更為實效性的救濟手段。

　　美國統一商法典的 2-711 條，就買主的救濟手段設有下面這樣的概括性規定，並在 2-712 條以下款項裏，就行使方法作了詳細規定。2-601 至 608 條，規定了有關交付不合格貨品（improper delivery）時買主的對應手段；2-610 至 611 條，規定了拒絕履行（repudiation）即履行不能以及期前拒絕時的對應辦法。茲將這些規定內容，概述如下：

(1)凡屬賣主不交付貨物、拒絕履行以及買主方面的正當性拒絕受理（交付不合格貨品之類），買主可有以下之救濟手段（Buyer's Remedies）。

　(a)契約解除（U.C.C. 2-711（1））收回已付貨款，從第三者那裏購入代用品（cover），所受損害，仍可要求賠償（U.C.C.2-711（1）（a），2-712）。因貨物不交付而蒙受的損害，也可要求賠償（U.C.C. 2-711（1）（b））。

　(b)物品係特定者，可採取"物品取回（re-cover）"的辦法（U.C.C. 2-711（2）（a））：買主不能獲得代用品者，可行使特定履行（specific performance，強制交付物品）以及物品取回權（replevin，取得特定物品的權利）之類（U.C.C. 2-711（2）（b），2-716）。

　(c)買主正當地拒絕受理時（U.C.C. 2-711（3）），為使已支付的貨款、費用得以取回，在物品上有擔保權（security interest）；另一方面，買主持有物品保留權、再賣出權（hold goods, resale）。

(2) 因賣主不交付、拒絕履行造成的損害賠償（Buyer's damages U.C.C. 2-713）之要求額的計算方式是：

損害賠償額＝市場價格－契約金額＋附帶性損害賠償額＋派生性損害賠償額

● 所謂附帶性損害賠償額，是指：與不履行有關聯而造成買主支出的合理性費用。

● 所謂派生性損害賠償，是指：賣主在締約當時顯然明白的、買主無法防止的損失，以及因賣主的違反保證使有關方面產生的人力物力的損失（案例 2.11 就是在這個問題上有爭執的事例）。

● 損害賠償的預先商定是可以的，但是不合理的巨額預定損害賠償，是無效的（U.C.C. 2-718）。

(3) 賣主拒絕履行時（如在物品交付日期前表示不能交付或不可能交付之類（repudiation），U.C.C. 2-610，買主可採用下述手段：

(a) 可以等候賣主履行（交付物品）；

(b) 可以立即行使"契約違反時買主的救濟手段"（上述之（1），U.C.C. 2-711）；

(c)可以停止買主方面的履行義務（支付貨款之類）。

(4) 對於賣主交付不合格物品（improper delivery）時的買主之對應辦法及留意之點：

(a)關於賣主的保證責任（warranty）問題，正如在賣主和買主的權利和義務一項裏（上文 2.7.3 節）以及買主的契約不履行和賣主的救濟一項裏（第 2.8.3 節）所談，明示或默示的保證責任體系，是有詳細、具體的規定的。買主可基於 U.C.C. 2–312 至 318 的規定，指出違反契約。

尤其是對商品性以及特定目的適合性等方面的默示保證，相當進步，這對買主追問賣主的責任，是很有利的。

(b)出現這種情況時，可在下面的對應辦法中選擇一個（U.C.C. 2–601）。全部拒收；全部受理，加上要求賠償損害；受理一部分，拒收一部分（案例 2.12 是就這個問題爭執的事例）。

(c)對於受理前難以發現問題的不合格物品，可由向賣主發出通知而撤掉受理（U.C.C. 2–608）。

(d)拒絕之際，對於通常檢查時能夠發現的品質問題卻沒向賣主發出通知者，以後不得提出違約問題(U.C.C. 2–605(1))。

(e)受理之際，買主就任何違約事端，在發現或在應該發現的時候卻沒於合理性的期間內通知賣主，則失去救濟手段(U.C.C. 2–607(3))。

由以上內容可以看到，英美法規裏的對買主之救濟方法，其特徵如下：

● 與日本法規相反，強制履行(上述(1)(a)"特定履行")僅限於"買主不能購入代用品的場合"；原則上是採用賠償損害、解約、購入代用品等其他救濟方法。

● 日本法規總體上是一些抽象性的規定，遂由解釋來引出具體的救濟手段；而英美法規裏明確記載對於買主是實際、有效的救濟手段。

例如，代用品購入權事，日本法規裏無明文規定，是由解釋表示承認的；但英美法規是毫不含糊地賦予了買主。

● 賣主的保證責任體系很進步，商品性及特定目的適合性等規定，使賣主的責任清晰明瞭(偏重注意賣主的傾向)。

● 關於損害賠償額的算法，規定了具體的算定方式。相比之下，日本法規只有抽象性的規定。

●救濟手段的行使期間，與日本法規相比（擔保責任6個月以內），予以承認的狀況，是相對地長得多（出訴期間為1年至4年）。

●載有關於消費者製品的保護規定。

3. 契約上的處理

在把買主遇到賣主違約不裝船及交付不合格物品等問題時的救濟辦法列入契約方面，上述的《美國統一商法典》裏的規定，極有參考價值。具體做法上，可用這樣一些表示法，明記於購物契約的背面款項中。

●關於裝貨期的遵守義務

Shipment

Seller shall ship the Goods punctually within the period stipulated on the Contract. In case Seller fails to make timely shipment of the Goods, Buyer has the right to cancel the Contract or to extend the period for shipment without prejudice to the right to claim damages arising out of such delay in shipment.

裝船

賣主必須嚴格遵守在契約規定期間內將物品裝船。賣主不如期將物品裝船時，買主有權解除契約或延期，而且不妨礙買主因裝船誤期而產生的損害賠償要求權。

●關於賣主的全面性保證責任

/ **Warranty** /

Seller warrants the quality, merchantability, fitness for any particular purpose of the Goods and their sufficiency in quantity. Seller shall hold Buyer harmless from any claims and cost incident to any infringement of any patent or any other industrial property right.

/ 保證 /

賣主就物品的品質、商品性、特定目的適合性以及數量無不足方面立下保證。賣主在特許權以及工業所有權受侵害而造成的一切責任及費用問題上，絕不給買主帶來損害。

●關於買主的救濟手段

/ **Default** /

In the event of any breach by Seller of any terms, conditions or warranties of the Contract with Buyer or in the event of the bankruptcy, insolvency or change in legal status or organization of Seller, Buyer has the right to cancel the Contract, or to reject the Goods or to dispose of them or to cover without prejudice to claim damages.

> ## 契約不履行
>
> 　由於賣主的某種違約行為，或者賣主破產、不能交付以及法律地位或組織機構發生變更時，買主可以解除契約、拒收物品或者處理掉物品、購入代用品，而且不妨礙要求賠償損失的權利。

　以上是把日本和英美的買賣法進行對照比較，從而來研討國際買賣契約的要點，旨在使讀者理解買賣契約方面的國際契約之不好辦，同時也可明白契約的作用是何等重大。諸位在研討買賣契約之外的某些類型的國際契約的時候，琢磨一下本章談到的應該留意之點，也是極有好處的。

第 3 章

海外代銷店契約

3.1　Distributorship Agreement 和 Agency Agreement

3.2　代銷店契約(Distributorship Agreement)

3.3　實例解説

第3章

海外代銷店契約

3.1 Distributorship Agreement 和 Agency Agreement

通常的所謂代銷店契約，大致可分為"Distributor-ship Agreement" 和 "Agency Agreement"。distributor 並不是一個具有特別嚴格法律意義的詞彙，凡是任命流通過程裏各環節上的某個特約銷售店（dealer）為 "distributor"的話，其便成了 distributor。有時候，也有不找特約銷售店（dealer），而是任命某家廠商（maker）為 distributorship，託其銷售。不過，一般說來，所謂 distributor，是指廠商或輸出者(以下統稱輸出者)據自己的計算及風險估計來購取產品而予以再銷售的銷售店。

相比之下，agent 這個詞彙就具有法律上的意義，乃法律代理人的意思。不過在實務上使用時，並非如此嚴格，國際交易上的 agent，可作如是觀：其秉受輸出者的指示，以代理人身分與買主進行洽談，而契約締結的效果與 agent 無涉，那是屬於具歸屬於輸出者本人之角色的業者的事。

因此，agent 通常是不大量庫存廠商的產品，也不承擔債權回收的風險。換言之，agent 的工作是覓找該有的買方（buyer），對於其提供的服務，輸出者得支付勞務費。也許可以說，其是相當於輸出者之手足的業者。從這一意義上來說，agent 的業務頗類似於輸出者之派出機構——駐外事務所及支店——擔任的業務。本書想就旨在啟用 distributor——與輸出者之間立有包買包賣關係——的 Distributorship Agreement 問題，據標準條項予以解說。

3.2 代銷店契約 (Distributorship Agreement)

3.2.1 代銷店契約的構成

代銷店契約通常由下列條項構成：

1. 序文

契約當事者，契約締結日，背景的說明。

2. 定義

作為契約對象的產品及銷售領域的定義。

3. 銷售權

賦予的銷售權之內容（壟斷權還是非壟斷性），禁止向銷售領域外進行銷售，輸出者直接銷售權的保留，本人之間的交易之類。

4. 買賣契約

買賣契約書的形式，買賣契約成立的必要條件，價格條件及交付條件（FOB 還是 CIF 之類），價格變更條件，支付條件，匯兌率風險的負擔形態之類。

5. 製品的保證及檢查

製品的保證範圍及期間，檢查的效果，損害的補償，有關製造物的責任問題。

6. 代銷店的銷售促進義務

最低購入量，盡善努力義務，庫存的維持，修補體制的保持，報告義務等。

7. 商標

契約對象製品所使用的商標問題。

8. 工業所有權

有關第三者之特許權的責任負擔問題。

9. 契約的生效日及期間

契約生效的日子及契約的期間等。

10. 契約的解除

有關契約中途解除的問題。

11. 契約解除後的義務

關於契約解除後仍存在的義務問題。

12. 秘密的保持

禁止代銷店把契約期間中知道的有關製造者之秘密向第三者透露的問題。

除上述各項外，還得把 1.5.2 節裏談到過的所謂一般條項的條款，即：(13)通知的規定、(14)不可抗因素條項、(15)轉讓條項、(16)修正條項、(17)完全合意條項、(18)依據法、(19)糾紛處理條項等，納入結束辭裏。

　　還有，上述條項中的(4)(5)(7)(8)諸條項，乃是通常的輸出入買賣契約中也該列入的條項。本書已在第 2 章裏，談到過有關這些條項的留意之點，可予以參閱。

3.2.2　代銷店契約及社內的責任分擔

　　締結代銷店契約的目的，從廠商或輸出者的立場來看，當是：以最小的風險和費用，盡快地開拓出銷路及確保住市場。為此，在覓找優秀的代銷店之同時，還得慎重慮及：決定代銷店契約時，勿陷進過大的風險和費用裏才好。猶如上文 1.3 節"國際契約之交涉"裏已談到過的那樣，在代銷店契約的交涉上，也該由各方面的擔當人士組成一個小組來進行，這對於要萬無一失地達成經營的目的，是頗重要的。這裏列出的表 3.1，乃是一個樣子，可資參考。

表 3.1 銷售(代理)店契約的內容及企業內責任的分擔

契約主要項目	營銷調查	會計及財務	技術‧生產	總務‧法律	社長(總體)(戰略統轄)
銷售權 ●壟斷權或非壟斷 ●銷售領域 ●禁止受理競爭性產品 ●產品的特定	●複數性的候選對象之商定 ●夥伴之銷售網的調查 ●競爭狀況調查 ●試用期間的設定	●夥伴之財務的分析 ●候選對象的比較分析	●範圍的決定 ●範圍的決定	●法律效果的差異 ●壟斷法上的問題	●夥伴經營力的判斷(弱點的認識)
訂貨及裝船 ●買賣契約的成立與形式 ●買賣條件的設定	●使形式獲得承諾		●落貨期‧包裝‧運送問題商討	●形式的決定 ●諸條件的商討	
支付條件 ●價格 ●支付方法‧期限 ●價格的設定	●價格變更權的確保 ●競爭價格的調查	●實質進款的預定額計算	●輸出品成本計算		●與全公司資金計劃的關聯 ●成本及競爭問題的研討
最低購入保證 ●數額的設定 ●發貨能力 ●保證額未達成的對策	●市場調查 ●契約解除還是使壟斷權向非壟斷轉移？	●進款表	●與生產計劃的關聯	●由解除而產生的法律問題的研討	●全公司的銷售計劃

續表 3.1

契約主要項目	營銷調查	會計及財務	技術、生產	總務、法律	社長(總體)(戰略統轄)
檢查/品質保證 ●明細事項商定 ●檢查方法 ●品質保證範圍以及保證否認條項 ●要求賠償損失的處理基準	●不光是代銷店,最終需要者也不可疏忽		●明細事項決定 ●檢查方法 ●範圍的決定 ●指導操作入門 ●基準的決定	●法律上問題的研討 ●保證否認條項的法律問題 ●對象國的商法、商務慣習問題的研討	
銷售 ●銷售的促進 ●銷售計劃、活動計劃 ●銷售報告 ●商標 ●庫存及服務體制 ●商品目錄廣告資料	●銷售員的訓練 ●使代銷店提出形態的決定 ●本公司商標的強調	●費用的研討	●對代銷店的指導 ●草案的作成	●法律方面的研討	●代銷店的活動以及銷售計劃的核質
工業所有權				●諸手續 ●條項草案作成	●本公司權利的確立 ●成本最低化對策
其他 ●契約的解除、仲裁、期間問題 ●秘密的保守 ●依據法、裁斷管轄所歸	●解除後的對策			●仲裁、裁斷依據法的研討	●交涉項目主次順序的研討

3.3 實例解説

Distributorship Agreement

THIS AGREEMENT made on July 22nd, 1975 by and between X Company Ltd., a Japanese company having its principal place of business at (address), Tokyo, Japan (hereinafter called "MANUFACTURER") and Y Corporation, a California corporation having its principal place of business at (address), California, U.S.A. (hereinafter called "DISTRIBUTOR").

WITNESSETH

WHEREAS, MANUFACTURER is engaged in the manufacture and sale of the Products as hereinafter defined,

WHEREAS, MANUFACTURER is desirous of developing its business in the Territory as hereinafter defined.

WHEREAS, DISTRIBUTOR is engaged in the importation and distribution of the related products of the Products in the Territory, and

WHEREAS, DISTRIBUTOR is desirous of becoming a distributor of the Products in the Territory.

NOW THEREFORE, the parties hereto agree as follows:

> ### 代銷店契約書
>
> 　　1975 年 7 月 22 日，營業總部設在日本國東京
> _____的日本法人 X 株式會社（以下稱製造者）
> 與營業總部設在美利堅合眾國加利福尼亞州
> _____的加利福尼亞法人 Y 股份有限公司（以下
> 稱銷售店）之間，締結本契約，對下述各事項認賬
> 不誤。
>
> 　　這裏，"製造者"從事下面定義為"製品"的製造
> 銷售事宜。
>
> 　　"製造者"希望在下面定義為"銷售領域"的範圍
> 內開拓其銷路；"銷售店"從事在"銷售領域"內輸入
> 及銷售"製品"的關聯產品——商品。
>
> 　　"銷售店"希望成為"銷售領域"裏的"製品"之代
> 銷店。
>
> 　　兩當事者遂於此對下述各項達成協議。

　　關於契約書之序文的意義，已在上文 1.5 節"國際
契約的形式和一般條項"裏談過了。不光是代銷店契
約，即使是合資契約、技術援助契約等，一般也設有這
一類的序文。

Article I Definitions

For the purpose of this Agreement, each of the following terms shall have the following meaning respectively:

(1) "Products" means all types of the machineries manufactured by MANUFACTURER as are specified in Exhibit A hereto.

(2) "Territory" means the United States of America.

第一條 定義

　　基於本契約的目的，下面各用詞分別表示其下面的意思。

(1) "製品"是指：本契約書附件 A 所規定的製造者製造的全部機械。

(2) "銷售領域"是指：美利堅合眾國。

　　在國際契約的開頭部分設立定義條項，對契約對象的製品及契約對象的地域作出特定，這是通常有的做法。特別是存在着契約對象製品是指"製造者"製造的全部製品抑是包含着新製品或改進品種之類的問題，所以通常要別列附表，作出詳細規定。至於銷售領域的問題，如存在着賦予壟斷性銷售權的地域，或者有承認銷售但不賦予壟斷權的非壟斷地域，則該分別予以定義。

例如：

"Exclusive Territory"means the United States of America.

"壟斷銷售領域是指美利堅合眾國"

"Non-exclusive Territory"means Canada.

"非壟斷地域是指加拿大"

Article II Distributorship

(1) MANUFACTURER hereby grants to DISTRIBU-TOR the exclusive right to distribute the Products in the Territory subject to the terms and conditions of this Agreement.

(2) MANUFACTURER shall not sell the Products to any person other than DISTRIBUTOR in the Territory. Nothing herein contained shall be construed as prohibiting MANUFACTURER from supplying the Products to national or municipal governments in the Territory.

(3) DISTRIBUTOR shall not manufacture, purchase, import, export, sell, distribute or otherwise deal in products the same as, competitive with or similar to the Products in the Territory.

(4) DISTRIBUTOR shall not sell or export, nor cause any third party to sell or export the Products outside the Territory.

(5) DISTRIBUTOR shall sell the Products in the Territory for its own account and risk under the terms and conditions it considers proper. DISTRIBUTOR shall in no way be a representative or agent of MANUFACTURER and have no authority to act or assume any obligation on behalf of MANUFACTURER.

第2條 銷售權

(1)"製造者"依從本契約諸條項的規定，賦予"銷售店"在"銷售領域"裏，壟斷性地銷售"製品"的權利。

(2)"製造者"不允許"銷售者"之外的人在"銷售領域"裏銷售"製品"。本條項不可解釋為禁止"製造者"向"銷售領域"裏的國家或地方政府機構提供"製品"。

(3)"銷售店"不得在"銷售領域"裏製造、購入、輸出入、銷售、受理那些與"製品"相同的產品或競爭產品或類似產品。

(4)"銷售店"不得在"銷售領域"外從事銷售、輸出或使第三者銷售"製品"的活動。

（5）“銷售店”當在自認為適當的交易條件下，帶着自己
的計算及風險負擔，在“銷售領域”銷售“製品”。從
任何意義上來説，“銷售店”不是“製造者”的代表或
代理人，沒有任何權限作為“製造者”的代理人進行
活動或替代“製造者”承受甚麼義務。

在限定地域賦於銷售店壟斷銷售權的場合，則有必
要研討一下上文 1.7.1 節所談到過的公正交易法的規
制。市場佔有率（market share）很高的企業若使銷售店
限於一社，則消費者或需要者不論願意與否，不得不從
該店買取。這種場合，賣主強而有力，所以很可能在交
易條件等方面，會有不當地硬把不利條件強加於買主的
事，因此很可能被納入禁止壟斷法。上面的（1）和（4）之
類，若處於似有實質性的制限競爭效果的場合，是不宜
照樣運用的；但是旨在打入新的市場而啟用代銷店時，
限定擔當地域、賦予壟斷權而使其專致於銷售，當不會
有甚麼問題。不過，即使是賦予壟斷權，如果遇到接受
公家官廳來的訂貨等場合，“製造者”多有保留直接賣出
權而直接賣出去的。另外，作為某個巨大裝置的一部
分，“製品”已在日本予以安裝，而該巨大裝置可由“銷
售店”之外的途徑發往“銷售領域”出售之類的事，也該
作為合約而納入契約。

上面的條項(3)，是禁止受理競爭品的規定，而這一條項有時會觸及禁止壟斷法的規制，務須注意。因為，在全國具有強大銷售網的最大特約銷售店(dealer)光是受理一社的製品，則制限競爭的效果顯著提高。條項(5)是說，"銷售店"始終是獨立的"本人"，不得有任何作為"製造者"代理人的權限。然而，"銷售店"的作用及權限既然被置於如此的位置，便與啟用 Agent 的情況不同，其還具有能斷絕當地之課稅的效果。

Article III Sales Contract

(1) During the term of this Agreement, DISTRIBU-TOR shall have the right to place orders with MANUFACTURER for such Products as in its discretion it may require from time to time.

(2) No sales contract shall be binding unless and until accepted by MANUFACTURER at its discretion.

(3) The trade terms used in this Agreement as well as in each sales contract made between the parties hereto such as CIF, C & F and FOB, shall be interpreted in accordance with "Incoterms 1953".

(4) Unless otherwise agreed, relevant provisions in this Agreement shall be applicable to each sales contract to be made hereunder between the parties. In case

of any conflict or ambiguity between this Agreement and each separate sales contract, this Agreement shall prevail.

(5) MANUFACTURER shall not be liable for any delay in shipment or for non-delivery of the Products by any causes beyond the reasonable control of MANUFACTURER.

第3條　買賣契約

(1) 在本契約之期間裏，"銷售店"有權以其獨自的判斷，向"製造者"索要其需要的"製品"。

(2) 一切買賣契約，只要"製造者"以其獨自的判斷而不予承諾，則無約束力。

(3) 在本契約書以及當事者之間締結的買賣契約上使用的交易用語，如：CIF，C & F，FOB 之類，當據《關於國際貿易條件的規則 (Incoterms 1953)》作出解釋。

(4) 只要沒有其他不同的協議，本契約的關聯條項當適用於當事者之間締結的買賣契約。若本契約與各買賣契約間發生內容衝突或不明確者，以本契約優先。

(5) "製造者"若因不能合理性支配的原因而致使"製品"的裝船延宕或不交付時，可不承擔責任。

本條項裏最為重要的是條項(2)。契約成立的必要條件乃是賣主的承諾。這一點已在第2章的《契約的成立》裏，作過詳細介紹。這裏，有必要進而如條項(4)那樣再予以明確地規定。代銷店契約書兼有關係製品買賣的基本契約書的性質，所以要在此契約中就當事者之間的買賣，定出重要的基本規定，猶如條項(4)那樣，應該作出"凡與其他買賣契約發生矛盾時，得以本契約優先"的原則。

Article IV Price and Payment

(1) The initial prices to DISTRIBUTOR payable to offered by MANUFACTURER shall be as are set forth in Exihibit B attached hereto. Prices so set forth may be revised by MANUFACTURER from time to time during the term of this Agreement. In the event of any such revision, MANUFACTURER shall send written or cable notification thereof to DISTRIBUTOR at least thirty (30) days prior to the effective date of such change. Any sales contract made between the parties before the effective date of such change shall be at the price in effect before the change.

(2) Upon the acceptance of the purchase order by MANUFACTURER, DISTRIBUTOR shall cause an irrevocable, confirmed letter of credit, payable at sight, to be issued in favor of MANUFACTURER by a prime bank satisfactory to MANUFACTURER at least thirty（30）days prior to the date of shipment stipulated in the corresponding contract, such letter of credit to be in Japanese currency in the full amount of the corresponding sales contract.

第4條　價格及支付

（1）"製造者"交付"銷售店"的最初之價格，如附件B所記載。這些價格，可由"製造者"根據需要予以改定。價格改定的時候，"製造者"得在改定價格生效日 30 天之前，用書面或電訊通知"銷售店"。對於在價格改定生效日之前締結的買賣契約，改定前的價格是有效的。

（2）訂貨單得到"製造者"的承諾後，"銷售店"至少得在各買賣契約書記明的裝船日期的 30 天之前，委託"製造者"能夠滿意的重要銀行開具一份可一筆付清貨款的匯兌信用狀，信用狀的受益者為"製造者"，而且是不能吊銷和經過確認的。該信用狀具有以日本國通貨來抵補該買賣契約書裏全部金額的實力。

從"製造者"的立場來說，肯定要確實把握住價格變更權的。而定出一定的改定前預告期，當是正常的。有時候，也有事先商定價格變更的計算方式而列入契約裏的情況。至於在當今這樣的匯兌率變動劇烈的時代，為確保日圓到手，宜採用以日圓結賬的做法。

Article V Warranty and Inspection

(1) MANUFACTURER warrants that the Products shall conform to the specifications agreed upon between the parties. There shall be no warranties which extend beyond the description on such specifications.

(2) The Products shall be inspected by the inspector appointed by DISTRIBUTOR before the shipment of the Products in MANUFACTURER's factory in Japan in accordance with such specifications. If any Products or any parts of the Products are found not to meet the specifications as a result of the inspection, MANUFACTURER shall replace such Products or parts with other Products or parts meeting with the specifications.

(3) In the event that any Products or parts of the Products are found not to meet the specifications

after arrival thereof at the port of destination and if such failure to meet the specifications is of such nature as would not be discoverable upon reasonable inspection as specified above, DISTRIBUTOR may submit claims for such Products or parts of the Products to MANU-FACTURER. Such claims shall be despatched in writing by DISTRIBUTOR to MANUFACTUR-ER with full particulars within 3 months after the arrival of the Products at the port of destination.

(4) In case any of those claims is found justifiable due to faulty materials or workmanship, MANUFACTURER shall replace the defective Products or parts with other Products or parts meeting with the specifications.

(5) The liability of MANUFACTURER, if any, with respect to any Products sold by MANUFAC-TURER to DISTRIBUTOR for any reason whatsoever shall be limited to replacing the defective Products or parts and delivering the replacement Products or parts to DISTRIBUTOR free of charge, ocean freight prepaid. The warranty

of furnishing the free replacement as herein set forth shall be the only warranty, either express, implied or statutory, upon which the Products are sold, all other warranties for merchantability and fitness for purposes being expressly disclaimed.

(6) MANUFACTURER shall not be liable for consequential, or indirect damages under any circumstances.

(7) MANUFACTURER dose not in any way warrant the fitness of the PRODUCTS sold by MANUFACTURER pursuant to this Agreement or any sales contract for any purposes other than the ordinary purposes for which such Products are used.

(8) MANUFACTURER shall not be liable for any defects of Products or any part thereof caused by any failure of DISTRIBUTOR or any purchaser to follow normal handling procedures specified in the specifications.

(9) DISTRIBUTOR shall give appropriate instructions to its purchasers of the Products for the use of the Products strictly in accordance with the specifications.

（10） DISTRIBUTOR shall not revise, modify or alter the specifications of the Products or the purposes for which the Products are used, without prior approval of MANUFACTURER.

（11） DISTRIBUTOR shall not distribute without prior approval of MANUFACTURER any other documents or materials with regard to the technical information of the Products than those provided by MANUFACTURER.

（12） Whenever MANUFACTURER has received a complaint as to the Products from any dealer or customer in the Territory, MANU-FACTURER shall convey such complaint to DISTRIBUTOR, and DISTRIBUTOR shall immediately make investigation and take proper action.

第5條　保證及檢查

（1）　"製造者"保證"製品"符合當事者之間達成協議的產品說明書上的規格。對於超越該產品說明書上記載的範圍，則不予保證。

（2）　"製品"在裝船前，可由"銷售店"任命的檢查人員，根據該產品說明書，在"製造者"所在的日本國內之工廠裏，進行檢查。如若檢查結果判明"製品"或"製品"的零件不符合產品說明書的標準，"製造者"當以符合產品說明書的"製品"或"製品"的零件來換下那不符合的"製品"或"製品"的零件。

(3) "製品"或"製品"的零件在抵達目的港後，若判明它們不符合產品說明書的標準，而且這種不符合性具有通常檢查時無法發現的性質，那末，"銷售店"可就這種"製品"或"製品"的零件，向"製造者"提出賠償損失。這項要求賠償損失案，應在"製品"抵達目的港後的三個月以內，由"銷售店"作出明細內容，用書面向"製造者"提出。

(4) 該要求賠償損失事，若是"製造者"使用材料不良或製造工藝有誤造成的，遂被認為是正當的話，"製造者"當以符合產品說明書的"製品"或零件換下有問題的"製品"或零件。

(5) 這是涉及到由"製造者"交付"銷售店"銷售的"製品"的問題，"製造者"的責任是：不論基於甚麼理由，應該換下有問題的"製品"或零件；海運費用事先已付的話，掉換上去的"製品"或零件，當在不再收運費的情況下，把"製品"交付給"銷售店"。

本條項規定的無償掉換的保證，乃是"製品"銷售時的明示、默示或法律上的唯一保證，有關商品性及目的適合性之一切保證，是明示性地被否認的。

(6) 在何種狀況下產生的結果損害或間接損害，"製造者"是概不負責的。

(7) 基於本契約或買賣契約而銷售的"製品"，若使用於通常用途以外的目的，"製造者"對"製品"的適合性，概不保證。

(8) "銷售店"或購買者，由於不按照產品說明書上規定的通常的使用要項而發生"製品"或零件出現問題者，"製造者"概不負責。

(9) 對於"製品"的購買者，"銷售店"得就"製品"的使用方法，嚴格按照產品說明書，給予切當的指導。

(10) 在沒有得到"製造者"的事先同意，"銷售店"不得對"製品"的商品說明書及"製品"的用途，進行改定、修正或變更。

(11) 在沒有得到"製造者"的事先同意，"銷售店"不得散發"製造者"提供之外的、有關"製品"的技術情報之書籍或資料。

(12) "製造者"在收到"銷售領域"內的購入者或顧客提出的有關"製品"的不良問題時，便與"銷售店"聯繫，而"銷售店"得立即調查事態情況，採取切當的措施。

有關"製品"買賣上的賣主之責任，有對直接買主的保證責任（warranty），有對不是直接買主、卻是最終消費者或最終使用者的製造物責任（product liability）。本條項是沿着賣主的這些責任，站在賣主的立場上，列入了旨在限定賣主之責任的種種規定。

　　一般說來，要求賠償損失，當是針對賣主不履行保證責任而提出的要求，但在國際交易方面的要求賠償損失，若與日本國內交易的場合相比，存在着各種各樣的問題。

(1) 首先是由於國家不同，規制商業交易的習慣及交易法的法律也不同，於是，對於賣主之保證責任的考慮方法，在賣主同買主之間有着頗大的距離。

(2) 每次發生要求賠償損失的事，在處理上要耗費很多費用及時間。

(3) 其結果，往往會有發展成為商事糾紛之虞。

　　所以，為了不要發生這種不良事態，當事者之間應該事先仔細協議好規則。在決定這些規則時，作為賣主，無疑想盡可能減輕應付將來之不測事態的責任；而作為買主，當然想盡可能擴大賣主的責任範圍。有關保證責任的條項，即使是締結個別的買賣契約時，也是不可缺少的，而在預定繼續性買賣的代銷店契約中，可說是極為重要的條項。對於涉及賣主保證責任的限定方法，已經就其基本性考慮方法作了介紹，而本條項是在那個基礎上，展開了具體性的條文。首先，在(1)項裏規定：保證的範圍限定於當事者之間合意的產品説明書；在(2)項裏，就通常檢查可以容易發現的產品缺陷事，規定裝船前的買主檢查為最終之確定；在(3)項裏規定：對於不能立即發現、即所謂隱藏的產品缺陷，限於貨抵目的港後三個月以內可以提出要求賠償損失。補償的方法也限定於掉換，不過，若無此規定，有關商業交易法的民法及商法等一般法律也可適用，這種情況已如第2章所述，買主可有各種救濟辦法；(6)項的結果損害及間接損害，是指：由於預定購入物的交付延宕，買主的工廠停工而造成的各種損害（喪失了工廠正常開工時可得之利益等），以及交付物品有缺陷而導致的損害（例如發生火災）之類。對賣主來説，這種損害是不能預測的，所以擬規定沒有責任；(7)(8)(9)(10)(11)各項，是特別意識到製造物責任的規定，對於在通常目的之外使用"製品"（例如把窗框架子作梯子用）或用"製造者"規定之外的方法去使用等，規定責任在使用者方面，進而通過"銷售店得忠實地傳達製造者的指示和注意要求、不得中途擅自變更"，來限定"製造者"的責任範圍。若違反這些規定，在"銷售店"擅自行事或"銷售店"出了差錯的情況下，即使是"製造物責任"，當由"銷售店"承擔最後責任。這也是本條項的目的所在。

　　縱觀這整個第5條，也許存在着過分偏重保護賣主（製造者）的內容，但是，至少在歐美國家的交易上，帶有這種程度內容的條項，是在買賣中通常使用的。因此，日本的企業在進行國際交易時，至少也該就這些條項的內容作出規定才好。當然，把這裏列有的條項應用於實際的商業事務時，對手方面不一定會照單接受。例如關於(3)項裏的隱蔽缺陷之賠償損失要求的提出期限之類，根據業界及業種的現狀，也許需要更長些才合適。但是，這畢竟與日本國內交易不同，肯定會有為數不少的各種誤解和糾紛發生，所以，對於賣主之保證責任這一買賣上的根本問題，宜以這裏列入項目的程度，在與代銷店交涉時提出來，以期事先就基本點與對方達成協議。

Article VI Sales Promotion by DISTRIBUTOR

（1）DISTRIBUTOR shall use its best efforts to develop the market for and promote the sale of the Products within the Territory. In this connection, DISTRIBUTOR shall conduct an advertising and promotion program adequate to develop the market for the Products in the Territory.

（2）DISTRIBUTOR guarantees to purchase the Products from MANUFACTURER in the minimum amount specified below:

　　a. U.S. Dollars_____ , for the first one year period starting from the Effective Date, and

b. U.S. Dollars_____ , for each subsequent one year period.

For the purposes of this Article, the Products are considered purchased when shipped by MANU-FACTURER.

(3) In the event that DISTRIBUTOR fails to purchase the minimum amount stipulated in the preceding paragraph during any one year period, MANU-FACTURER may, at its opinion, convert the exclusive right granted under Article II to nonexclusive right, or may terminate this Agreement.

(4) DISTRIBUTOR shall maintain adequate stock of the Products, and keep itself manned with qualified mechanics and equipped with sufficient repair facilities so that reasonable aftersale-services may be offered to the customers of the Products.

(5) DISTRIBUTOR shall make periodic reports to MANUFACTURER on its financial standing, the sales of the Products, the inventory of the Products, the market conditions in the Territory including the information on the competitive products and other information required by MANUFACTURER from time to time.

第6條 "銷售店"的促進銷售

（1）"銷售店"該為了在"銷售領域"內開拓"製品"的市場以及促進銷售而盡心盡力。與此相關，"銷售店"對於在"銷售領域"內"製品"市場的開拓，該進行充分的宣傳及開展銷售促進活動。

（2）"銷售店"保證以下列金額為最低額，向"製造者"購入"製品"。

　　（a）自契約生效日起的第一年裏，為美元若干。

　　（b）以後每一年為美元若干。

　　　　基於本條項之目的，"製品"的購入時點是"製造者"裝船的時點。

（3）如若"銷售店"在不論哪一年裏不按該項規定的最低金額購入"製品"，"製造者"可據判斷，或據第2條把賦予的壟斷權變更為非壟斷權，或解除本契約。

（4）"銷售店"該具有充分的"製品"庫存；該具備有資格的機械工，以期能向"製品"的顧客提供相當的售後服務；該維持充分的補修體制。

（5）"銷售店"當向"製造者"定期報告：財產狀況及"製品"的銷售，"製品"的庫存，包括"銷售領域"內競爭製品之信息的市場狀況以及"製造者"要求得到的信息。

"銷售店"既然被賦予了壟斷銷售權，應該使其在"製品"的市場開拓上盡全力。為此，使其進貨、進行宣傳活動、以及訂立銷售計劃來達成目標，乃是很重要的。此外，定期性地使其報告活動情況，既可隨時掌握競爭廠商的狀況及市場需求，也可據報告內容來評價"銷售店"的活動，當也是重要的事。至於最低額購入保證問題，如若未兌現該怎麼辦？看來，在不容易物色到替而代之的"銷售店"時，採取變壟斷銷售權為非壟斷銷售權而使其繼續銷售業務的方法，不失為一個辦法。

Article VII Trade Mark and Industrial Property Right

(1) The Products sold in the Territory shall bear MANUFACTURER's trademark.

(2) DISTRIBUTOR shall discontinue the use of MANUFACTURER's trademark upon termination of this Agreement, provided, however, that DISTRIBUTOR may sell the Products bearing MANUFACTURER's trademark held by DISTRIBUTOR in stock at the time of termination of this Agreement.

(3) MANUFACTURER shall not be responsible for any claim of infringement of patent, trademark or other industrial property right that may be brought

by a third party with respect to the Products sold under this Agreement and each sales contract made between the parties from time to time.

第7條　商標及工業所有權

（1）在"銷售領域"內銷售的"製品"，該附有"製造者"的商標。

（2）在本契約解除後，"銷售店"必須停止使用"製造者"的商標。不過，"銷售店"可以銷售本契約解除時庫存的、附有"製造者"商標的"製品"。

（3）基於本契約以及當事者之間應需要而訂立的買賣契約予以銷售的"製品"，如涉及第三者就特許、商標或其他的工業所有權受侵害而提出要求，"製造者"不承擔責任。

關於"製品"的商標問題，如"製造者"的知名度低，而"銷售店"具有獨自的有名牌號之類的場合，"銷售店"會要求附上自己的牌號進行銷售。這時候，"製造者"勿輕率地首肯對方之要求，即使銷售額一時上升，如因某種原因而解除了契約關係時，"製造者"便退到起點，不得不再從零開始起步。為了開拓"銷售領域"的市場，使自己公司的牌號切實地滲透進去，乃是十分重要的事。因此，不要用他人的牌號，而應該使之銷售附有自己公司之牌號的"製品"。當然，日本的輸出現狀是：附有買主方面之牌號的"製品"也被大量地輸出着。

　　"製品"在"銷售領域"內開始銷售時，會有第三者就工業所有權受侵害而要求賠償損失。這裏列出的文例，乃是因"銷售店"的責任而請其再銷售的情況。從"製造者"方面來説，對外國的特許逐一調查，勢必是不可能的。當然，"銷售店"方面也會提出"不能全面地來承擔風險"。在這情況下，宜商定一費用分擔比率的辦法。

Article VIII Effective Date and Term

(1) This Agreement shall become effective on the date first above written.

(2) The term of this Agreement shall be three years from the effective date, unless terminated in accordance with Article VI-(3) and Article IX.

(3) This Agreement shall be renewed for an additional period of three years, provided that both parties shall have agreed on terms and conditions of the renewal.

第8條　契約的生效日以及契約的期間

(1) 本契約以前言注明的日期開始生效。

(2) 本契約的期間，只要沒基於第6條(3)項及第9條予以解除的話，自生效日起，三年有效。

(3) 如若當事者雙方對於更新延長的諸條件達成協議的話，則本契約可再延長三年有效。

明確契約的生效日，是很有必要的。對於契約的更新延長問題，常有這樣的商定：若在一定的預告期間裏沒有表示解約的意思，則作自動延長論。但這種做法，會產生不曾掌握"銷售店"的銷售力及財產狀態而賦予銷售權的事，所以契約期間的延長，若以有關諸條件能達成新的協議為條件，當在起初的三年過了之後，對各種情況進行重新估量，然後才能決定是否繼續啟用"銷售店"。

Article IX Termination

（1）Either party shall have the right to terminate this Agreement if the other party should at any time commit any breach of this Agreement or fail to perform any of its obligations hereunder.

（2）MANUFACTURER shall have the right to terminate this Agreement if

  a. DISTRIBUTOR becomes insolvent or financially unsound in MANUFACTURER's opinion.

  b. MANUFACTURER shall at any time consider that any changes in the management personnel or ownership of the shares of DISTRIBUTOR would adversely affect the sale of the Products in the Territory.

第9條 契約的解除

(1) 任何一方的當事者，遇到對方的當事者違反本契約或不履行基於本契約的義務時，具有解除本契約的權利。

(2) 遇到下列場合，"製造者"有權利解除本契約。

    (a) "銷售店"不能支付貨款或"製造者"判斷出其財產狀況惡化時。

    (b) "製造者"認為"銷售店"的經營班子之變更及股東構成之變更將給"銷售領域"內的"製品"銷售帶來"負"的影響時。

如有違反契約，則立即進行解約好呢？還是先等一段期間，視其在此期間內不改違反行為後再行解約好呢？意見是有所分歧的。本條約的表現是：一方違反契約，另一方就有解約權。但是，如果一而再地默認對方的違約行為，很可能出現上文 1.4 節談到過的那種麻煩事兒，這是應該予以注意的。

又，站在"製造者"的立場上來說，上述的(2)之規定，該是當然的事。尤其是關於財產狀況，如第 6 條(5)所規定的定期收取報告，乃是很重要的事。

也有在本條項裏增設這樣的規定：契約解除時未支付的金錢債務以及(後面要談到的)保守秘密義務等，在契約解除後仍存在。

此外，如上文 1.7.3 節所述，在某些國家，銷售店保護法頗為嚴密，即使想解約也不是那麼容易的，所以，在有保護法的國家裏啟用銷售店，得各方面有所留意才行。

Article X Secrecy

During the term of this Agreement and thereafter, DISTRIBUTOR shall not disclose to any third party any information it may acquire respecting the business of MANUFACTURER or the Products, except such information as MANUFACTURER may have authorized DISTRIBUTOR in writing to communicate for the purpose of performance of this Agreement.

第 10 條 保守秘密

在本契約的有效期間中以及其後，"銷售店"不得把因與"製造者"及"製品"有關聯而掌握的這些信息向第三者公開。不過，"製造者"同意"銷售店"為了本契約的履行問題而用書面傳達的信息，不在此例。

為使給予"銷售店"的信息不至於流到第三者那裏

去，有必要課於"銷售店"有所注意的義務。一般說來，
這種保守秘密的義務，即使在契約終了後仍舊存在。

以上是代銷店契約裏固有的條項，而在國際契約
裏，除了這些之外，還有共同視為有必要的一般條項。
下面，擬把有關這一般條項的英文文例及其日語譯文例
示出來。關於這一般條項的意義，請參閱上文 1.5.2
節。

Article XI Force Majeure

Neither party of this Agreement shall be liable in any
manner for failure or delay upon fulfilment of all or part
of this Agreement, directly or indirectly owing to any
causes or circumstances beyond its control, including
Acts of God, Governmental orders or restriction, war,
warlike conditions, revolutions, strike,lockout, fire and
flood.

第 11 條　不可抗因素

本契約的任何一方當事者，如因其不可能支配
的直接、間接之原因或事情——包括天災，政府的
命令及規制，戰爭，戰爭狀態，革命，罷工，關
閉，火災及洪水等，造成本契約的全部或一部分之
不履行或者延宕，該當事者可不承擔任何責任。

Article XII Assignment

This Agreement shall not be assigned to a third party without the prior written consent of both parties.

第12條　轉讓

若無兩當事者出自書面的事先合意，本契約不得轉讓給第三者。

Article XIII Notice

（1）Any notice by either party in connection with this Agreement or performance thereunder shall be made by air letter, cable or telex to the other at its respective address as follows:

　　　　　X Company　　　　　Y Corporation

　　　　_____　　_____

　　　　_____　　_____

（2）Such noitice shall become effective when it arrives at the addressee.

第13條　通知

（1）一方的當事者要就本契約或本契約的履行問題向另一方的當事者發出通知時，該用航空信、電信或電傳發出，兩當事者的地址如下：

X 株式會社　　　　　　Y 股份有限公司

_____　　_____

_____　　_____

(2) 這些通知，以到達收信人那裏開始生效。

Article XIV Amendment

This Agreement may be amended only by a written instrument signed by duly authorized representatives of both parties.

第14條　修正

本契約的修正，只有在得到兩當事者之有權的代表者的書面署名文件時，方為有效。

Article XV Entire Agreement

This Agreement constitutes the entire agreement between MANUFACTURER and DISTRIBUTOR with respect to the Products to be sold hereunder, and no representation or statement not contained in this

Agreement shall be binding upon the parties.

/ 第 15 條　完全合意 /

　　本契約書是"製造者"與"銷售店"之間就本契約之銷售的"製品"達成完全合意的形式，凡是本契約書裏沒有列入的任何表示或記述，都不能對當事者造成約束。

/ *Article XVI Governing Law* /

　　This Agreement shall be governed by the laws of Japan.

/ 第 16 條　依據法 /

　　本契約受日本法的支配。

　　有關依據法以及下面的仲裁問題，請參閱 1.6 節的"國際商事糾紛的處理"。

/ *Article XVII Arbitration* /

　　Any and all disputes arising from or in connection with this Agreement or a transaction conducted under this Agreement shall be settled by arbitration in Tokyo in

accordance with the commercial Arbitration Rules of the
Japan Commercial Arbitration Association. The award
of the arbitration shall be final and binding upon the
parties.

第 17 條　仲裁

　　由本契約生成的，或者是本契約或基於本契約
之交易過程中的一切糾紛，當在東京，依據國際商
事仲裁協會的商事仲裁規則，通過仲裁予以解決。
仲裁的裁斷，是最終性結論，可約束當事者。

　　上文 1.6.2 節有關仲裁一部分所述，即使雙方達成
以仲裁來解決糾紛的協議，但仲裁地選於何處，乃是一
個非常重要的問題。如能依上面的文例，把仲裁地定在
東京，這對日本的企業來說，是愜意的事，但對方不一
定能同意。在仲裁地問題上不能達成協議時，採取下面
這樣的做法，也是一個辦法。

　　The arbitration shall be held in Tokyo, Japan
and conducted in accordance with the rules of the
Japan Commercial Arbitration Association if the
arbitration is requested by DISTRIBUTOR.　The
arbitration shall be held in Los Angeles, U.S.A. and
conducted in accordance with the rules of the

American Arbitration Association if the arbitration is requested by MANUFACTURER.

　　仲裁由¨銷售店¨提出的時候，據國際商事仲裁協會的規則，當在東京進行仲裁：仲裁由¨製造者¨提出的時候，據美國仲裁協會的規則，當在美國的洛杉磯市進行仲裁。

　　IN WITNESS WHEREOF, the parties hereto have caused this Agreement to be executed by duly authorized representatives of both parties on July 22nd, 1975.

X Company Ltd.

_____

_____

Y Corporation

_____

_____

　　當事者作為具有正當權限的代表者，於 1975 年 7 月 22 日締結此契約。特此為證。

X 株式會社

_____

_____

Y 股份有限公司

_____

_____

第 4 章

設立合資公司的契約

第4章

設立合資公司的契約

4.1 甚麼叫合資公司

4.1.1 合資公司的概念

據《廣辭苑》的解釋，所謂"合資"，是指："經營共同事業。在中國，主要是指外國資本與中國資本的共同經營。"

這裏，想就日本企業通常具有的形態，即："為數不多的含有外國公司的公司，抱着共同經營的意思，共同出資而設立的股份有限公司"，來談一談。

4.1.2 合資的目的

設立合資公司的當事者，不光是單純的出資者，還有旨在積極參加企業經營的目的。那末，所謂企業的經營是怎麼一回事呢？東京大學的小宮隆太郎教授認為：所論"企業"，乃是一種"經營資源"的集合體，"外觀上是以經營者為中心，實質上是旨在從事這樣一些內容的組織——經營管理上的知識和經驗，包括以特許（patent）和技術情報（know how）為主的市場活動

(marketing)方法之類，擴大技術性、專業性知識以及銷售、原料購入、資金調配等的市場地位，商標(trademark)及信用，信息收集和研究開發等"(小宮隆太郎著《跨國企業的實態》第 178 頁——直接投資的理論)。

合資公司可通過合夥同營，使其經營諸資源在國際間得到最合適的組合之願望得以實現。實際上可以看得很清楚，它乃是這樣一種經營資源的組合——一方的當事者的技術力量與另一方的當事者的銷售力；一方的原料資源確保力與另一方的經營管理力等。此外，它不單是通過出資及人才派遣之類來謀取新公司經營內部構成的最合適化，它通常還要從外部，以下面這一類母公司與新公司之間的關聯契約予以補足——技術援助契約，經營援助契約，代銷店契約，零件供給契約，工業所有權實施契約等(見圖 4.1)。

在發展中國家裏，非合資公司的話，多不承認外國資本的滲入，所以外國資本家多採取與當地企業或當地代理店設立合資公司的辦法。另外，合資公司可用於分散經營風險。新產品的共同開發以及石油資源的開發(多不用公司的形態)之類，就是具體的例子。

4.1.3 合資公司的制約

合資公司雖具有上述那樣的優點，卻也受到頗多的制約。例如：雙方的母公司屬於各自不同的國民性、經

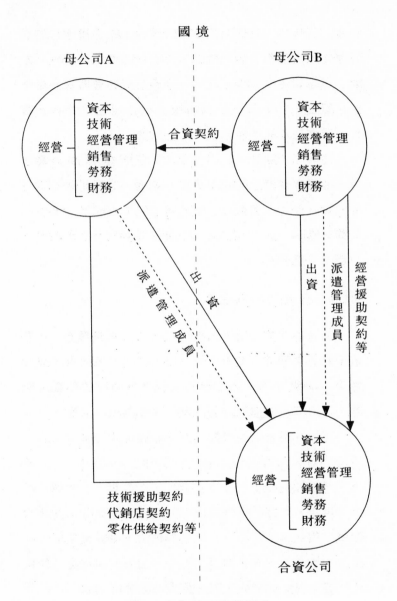

圖 4.1 合資公司的設立

濟性、民族性、文化及社會性的環境，經營概念和經營管理方法也多不一樣，所以，在決定合資公司的統一方針上，多易產生困難。此外，合資公司的管理成員在碰到合資公司的方針與自己所屬的母公司之方針有矛盾時，看來是不能無視母公司的意向的。

尤其是"50 比 50"的所謂"分庭抗禮"型的合資公司，由於當事者之間的力量勢均力敵，這種問題的潛在化危險就很大。在找出合資形態上的長處或不得不採用合資形態時，經常留意這一點而謹慎地物色合作夥伴，乃是十分重要的。

4.1.4　合資公司和法律

不光是合資公司，凡是公司，在一般運營上，不僅是設立的當事者、從業人員、債權者、一般股東、交易對手、消費者等，都給國民經濟帶來廣泛的影響，所以，各國都通過種種定制法規，來規制這些活動。

直接有關公司的組織或運營並設定其基本事項的，乃是公司法(商法)。公司法就公司的——①設立、②機構、③組織的變更、④資金調配、⑤計算——之類，作出了規定，大部分是強行法規。此外，還因公司的活動領域，與頗多的法律——禁止壟斷法，證券交易法，勞動法，稅法等，有着關係。另外，在有的國家裏，針對外國資本固有的問題，尚有外資法之類的問題。

這一些法規法律，國家不同，差異也很大，所以在設立合資公司時，應該與熟悉這些國家有關法律的律師仔細商討才對。

這裏，謹以也能適用於日本法而在日本設立的合資公司問題為主，同時談一談可資參考的美國法（以美國模範事業公司法《MBCA》為主，並參照了紐約州法和加利福尼亞州法）。

凡在日本設立的合資公司，除了要符合商法（公司法）、民法、證券交易法等，還需基於外國貨幣匯兑及外國貿易管理法作出申告。此外，禁止壟斷法第6條在禁止"屬於不正當交易制限及不公正交易方法的國際契約"之同時，責成當事者負有把契約送交公正交易委員會的義務。順便説一下，在美國，業界的有力企業同仁設立合資公司這事本身，就有違反禁止壟斷法之嫌。可見設立合資公司時，必須充分注意圍繞着這些合資公司的法律環境（圖4.2）。

同時，不光是要注意合資公司設立所在地的國家之法律，還該顧及母公司所在國的法律，特別是禁止壟斷法及税法等。由於公司的運營，就其實體來説，有着千差萬別，所以法律是不可能規制其一切活動的。相比之下，公司的實際運營倒是通過規定款項、董事會的決議以及管理成員等，由公司的自治來操縱的，所以，這些方面的研討也是很重要的。

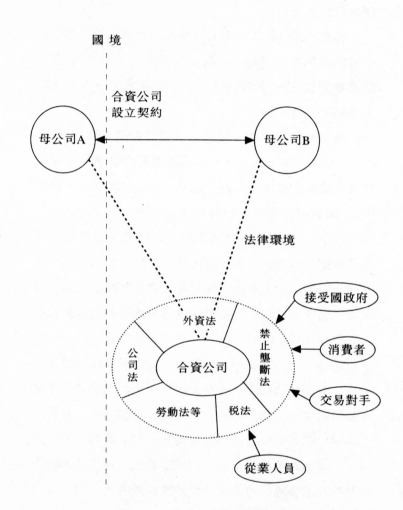

圖 4.2　合資公司及法律環境

4.1.5 合資公司設立契約的特徵

(1) 合資公司設立契約，是①有關設立合資公司的發起人契約，以及②有關合資公司事業之運營的股東間契約。它們是合資事業的基本。

(2) 要設立的合資公司本身，並不是合資契約的當事者，而是第三者。因此，契約的當事者不能向合資公司直接要求基於契約的權利。而根據內容，也有可能使其對公司獲有效力，所以有必要基於法定內容列入規定款項。另外，在合資公司一旦設立後，其代表者可通過在合資契約書上作出否決簽字來對公司帶來相應的約束力。這也是該考慮到的問題。

(3) 合資公司契約既然是契約，當然離不了契約自由的原則，只要合理，不論採取甚麼對自己這一側有利的決定，都是有效的。不過，設立的新公司本身是受到公司法的制約的，所以，不合此法的合資公司契約上的約束，多不具有公司法上的效力。因之，在制訂契約書時，必須在充分掌握這一些法規的基礎上，力圖作出在此範圍裏獲取最大效果的草案。

4.2 設立合資公司契約的內容

4.2.1 主要項目

合資公司設立契約的主要項目大致如下：

①標題；②序文；③定義；④新公司的設立(組織)、規章、出資；⑤新公司的運營(董事會、管理成員、股東大會、董事及管理成員的選出、會計及報告)；⑥新公司的業務(製造和銷售、技術援助契約、財務)；⑦新股承受權及股票轉讓限制問題；⑧保守秘密及禁止競爭；⑨期間及終了；⑩其他一般事項(當事者的破產、違約、依據法、使用哪一國語言、通知、仲裁等)。

4.2.2　規章

設立合資公司時，首先必須決定公司的目的、商號、規模、所在地之類。這一些是公司活動的基本性事項，許多國家的公司法規定：得在"規章"一項裏表示出來。

因此，當事者為了設立如意的公司，得就這些基本性事項，在契約裏作出規定；同時，新公司應該把採用的規章(或實質性不奋是規章者)作為契約書附屬文件制訂出來(文例 3.02)。

規章的內容，隨各個國家的公司法而有所不同。在日本法規裏，則有如下一些內容。

(1) 絕對性記載事項(商法 166 條 1 項)

目的，商號，公司發行的股票總數，額面股票的每股金額，總店所在地，其他。

(2) 相對性記載事項(規章裏沒有規定便為無效的事項)

董事會就股票轉讓事宜的承認，多種股票的發行，股東大會的招集地，決議方法，累積股票的排除，有關新股的發行事項等。

（3）任意性記載事項

定期股東大會的招集月份，董事及監查員的人數，股東大會的委員長，營業年度等。

在美國，相當於日本的"規章"者，可分為"Articles of Incorporation（基本規章）"和"By-laws（附帶規章）"。"Articles of Incorporation"是決定公司基本方針的東西，幾乎相當於日本的"規章"中的"絕對性記載事項"。在公司設立時，基本規章得一式兩份送呈"Secretary of State（州務長官）"，其中一份要附有"Certificate of Incorporation（設立證書）"，此乃該公司根據公司法而合法設立的證據。

"附帶規章"則大體相當於日本的"相對性記載事項"及"任意性記載事項"，而這一些也有可能記載在"基本規章"裏。在許多州裏，"附帶規章"可在董事會上作出決定。

4.2.3　公司的機構

合資公司契約的當事者，首先是作為新公司的股東參與經營的，但隨着許多年來的"所有"與"經營"之分離傾向，彼所具的權限十分有限，不啻是間接性的。另一方面，新公司日常的策略決定及業務執行，是一任董事會、董事長等公司的"機構"來辦的。

因之，在締結契約時，應該充分了解這些公司諸"機構"的性格，千萬別使公司的運營出現障礙才好。

1. 機構的種類

在日本法規裏，公司內有下面這樣一些機構。

● 股東大會

公司的最高意思決定機構，決議的內容是：①對法律上規定的項目——規章的變更、董事等的選任及解任、利益分配等——作出決定。②決定一些其他列入規章的事項。

● 董事會

決定重要的業務執行事宜，進行董事長的選任及其業務執行的監查事宜。

● 董事長

對外是代表公司承擔業務執行之重任者。

● 監查員

進行會計監查、董事的職務執行監查、股東大會提出文件的監查。

在美國模範事業公司法裏，股東大會雖可決定基本規章的變更、董事的選任、營業之全部轉讓、合資以及解散等事宜，而利益分配的決定，則屬於董事會的權限。

董事會作為一個合議體來承擔業務的執行，所以負責利益分配的決定事宜、領導成員的選任及解任等。在美國，沒有董事長、監查員的制度，而置有社長（president）、副社長（vice president）、秘書（secretary）

以及會計（treasury）等的"officers"，來作業務執行的實際擔當者。

2. 合資公司裏的支配權（否決權）的確保

　　合資公司本是共同興辦的事業，不言而喻，前提在於當事者同仁的協調。但是涉及公司的實際運營時，當事者的方針以及意見發生齟齬，是屢見不鮮的。在制訂合資公司設立契約時，應該事先考慮到這種情況，在合資契約及規章裏列入：據自己這方面的意思，新公司的業務執行（及其決定）成為可能的條件（支配權）；或據對方一方面的意思，業務執行（及其決定）為不可能的條件（否決權）。

　　支配權或否決權將受到下述要因的控制

　　（1）　持股比率及股票種類。

　　（2）　機構的構成、法定人數、決議事項及決議必要條件。

　　（3）　機構的權限。

　　（4）　母公司對重要事項的承認。

　　（5）　依據合資契約的股東權利行使上的限制。

　　在設立合資公司之戰略方面，尚有與技術契約、代銷店契約等有關契約帶來的支配問題之類，本書就從略不談了。

　　下面，想再就主要事項作些進一步的探討。

●股東大會及持股比率

　　股東大會的通常決議，是在已發行股票總數的

過半數股東出席（法定人數）、而且獲得出席股東之
議決權的過半數時，得到通過。特別決議則需獲得
過半數出席股東的三分之二以上之多數票，才能通
過。因此，設立合資公司時，保有議決權股票的過
半數及三分之二以上，當具有重要的意義。但是，
即使是未到 50% 比例的少數派，若據規章之規定
而加重了法定人數及決議必要條件的比重，是有可
能確保否決權的。

至於在美國，有關法定人數及議決必要條件的
規定，因州而異，而許多州在承認據規章的法定人
數和決議必要條件之加重的同時，對於法定人數的
減輕問題，以除去自己所持股份的已發行議決權股
票的三分之一為限，予以承認。

● 董事的選任

股東大會就董事的選任問題，在商法上有累積
投票的規定，但在合資公司的場合，多據合資公司
設立契約來確定董事人數，選出各當事者事先合意
的若干名董事。在這種情況下，若出現缺員，則本
指名此董事的當事者可立即指名後任補缺，以維持
董事會裏的勢力均衡（文例 4.04）。如是海外的合資
公司之類，即使把公司的實際運營一任對方一側，
但董事的指名權仍確保在自己手裏。採用這種規
定，若指名對方一側的適合者出任董事，仍能確保
支配權不誤。

● 董事會的決議

　　董事會的法定人數，通常為董事總數的一半以上，但位於海外的公司，當董事的出席出現意料之中的不便或者是少派派的場合之類，是可以就一定的重要事項來加重法定人數及決議必要條件的（文例 4.01-A）。順便說一說，在美國的有些州，若全體董事署名同意，也可以有不召開會議而通過決議的（MBCA　44）。股東大會也是如此。對於美國的合資公司，活用這樣的規定，也是一個方法。

　　當董事會的決議發生贊成票數與反對票數相等時，在日本，有可能給與董事會的議長一票，來決定可否（有反對的案例），但在美國，是不可能的，遇到這種場合，多考慮委託第三者仲裁，而事情涉及經營上的問題，不免會有棘手的地方。也有採取這樣的辦法：事先設一個董事空席，在可否票數相同時，指名雙方同意的第三者任此董事。鑒於在這種時期能否選出第三者很成問題，實際上是不大行得通的。結果，可否票同數的僵局問題，仍不得完全解決之路。

　　又，在美國的某些州裏，法院可依據董事及一定的股東之委託，來指名一位具洞察力的董事（加利福尼亞州法 sec 308）。

董事長的選任

　　公司應該據董事會的決議來選任董事長，但合資公司多由各當事者自選一位董事長（文例 4.02）。此外，也有可由代表各派的董事推出共同代表的規定。至於在日本，社長、副社長、專務董事、常務董事，並不是法律上的名稱，而商法 262 條就這些職務，規定了董事長的責任。在美國，合資公司設立契約須對領導成員的構成作好決定。

● 機構的權限

　　當自己這一側是少數派時，或者在海外的合資公司直接涉及公司的日常業務有困難時，若重要事項需要得到董事會的決議或股東大會的承認才行，則可防止對方的專行。此外，議決必要條件的加重，比如，以董事會全體通過為條件，算是確實無礙，但這樣的規定會阻礙公司的彈性運營，甚至會給合資公司的運營本身帶本不良影響，所以應該慎重處置的。

● 母公司的承認，以及股東的權利行使上的限制

　　這些規定在不少場合是頗有效的，但如上面已經談到過的那樣，合資公司本身並不是契約的當事者這一點，務必予以充分的注意（文例 4.01-B，6.02 等）。

3. 母公司和子公司共有董事及領導成員時的問題所在

　　在日本的商法裏，董事對公司有委任的關係（商法 254 條 3 項），董事有義務鞭策自己成為優良的管理者（民法 644 條），更要遵守法令規章以及全會的決議，具

有為了公司而忠實地盡職之義務（商法 254 條之 2）。在美國，也存在着優良管理者的義務及忠實義務（fiduciary duty, or duty of loyalty），模範事業公司法第 35 條規定："董事得以善意、合理性地相信對公司最為有利的方法，與通常有心之人於同樣狀況下的所作所為一樣，竭思盡力地為公司。"所以說，在兼任合資公司與母公司的董事或是管理成員的場合，應該把上述的忠實義務置於心頭，尤其是在歐美，更要予以注意。

在日本，董事若作為他人的代理或代表，同公司進行交易，需要得到董事會的同意（商法 265 條），若單單是共有董事，則不屬於該規制的對象。

在美國，美國模範事業法第 41 條，就共同董事者在全公司範圍的交易為有效的條件，作出了若干規定，詳情可參照該法及各州法，看來須留意的地方是：①事先盡可能得到對方一側的董事之同意；②與母公司交易時，要公正、合理地進行。特別是就公正交易的舉出證據責任，原則上必須承擔基於該交易而來的主持權利（R.W. 傑寧格支等著《美國及日本的公司法》）。

另外，母公司的從業人員兼任合資公司的董事或管理成員時，若有秉承母公司指示的交易而侵害了合資公司的利益，則該董事有違反忠實義務之罪名。特別是在作為第三者的少數股東存在的情況下，是應該留意到這一點的。

4.2.4 出資比率的維持

合資公司的當事者為了把相互間的信賴和協作作為基盤，當然希望盡量避免陌生的第三者成為股東。而且，當事者同仁之間，也不希望在互不瞭解的情況下，將設立合資公司時合意的出資比率予以變更。所以，產生了：①根據持股比率，賦予股東新股的承受權，②禁止及限制股票的轉讓。

1. 新股的承受權

為維持出資比率，在新公司發行增資新股時，股主有根據持股比率的新股承受權。這是應該在契約裏作出規定（文例 7.01），也應該在規章裏作出規定的（商法 280 條之 2，1 項 5 號）。

在美國模範事業公司法裏，凡是基本規章沒規定者，要一併記載兩種規定：①規定沒有新股承受權者（MBCA sec 26，加利福尼亞州法）：②規定具有新股承受權者（MBCA sec 26 Altenative，紐約州法）。

2. 股份轉讓的限制

● 規章賦予的限制

股份一般是以其流通為前提，自由轉讓性得到保證。但是在現實中，這種制度與實情不吻，閉鎖性的公司也很多，所以在 1966 年的商法改正案裏規定：規章裏宜列入："股份的轉讓要得到董事會的同意。"（商法 204 條）

● 合資公司契約上的限制

　　股份轉讓的限制光憑董事會同意這麼一條，這種同意基準是不明確的，所以，通常是在合資公司設立契約中，事先規定股份的轉讓方法。例如：

　　第一，除了一定的情況之外，規定禁止股份的轉讓（文例 7.02）。

　　第二，當事者的某一方希望賣掉股份時，要給與對手方面先買權（文例 7.03），對手方面拒絕時，希望賣掉股份的當事者，如在一定期間裏有相同條件或更有利於希望賣出者之條件的話，可以賣給第三者（文例 7.04）。

　　賣出價格的情況是：

　　Ⓐ希望賣出者的希望價格（文例 7.03）。Ⓑ "雙方合意的公認會計師的評估價"（文例 7.03-A），或者為：Ⓒ "據最終借貸對照表，以已發行股份之總數，去除（÷）公司現存純資產額，再乘（×）以轉讓股份數"（文例 7.03）之類。

　　從合資公司設立的意圖來說，對於把股份轉買到手的第三者，應該遵守合資公司契約上之當事者的義務，所以，這也就作為賣出條件之一，列入規定。但是，有關這些轉讓股份的合資公司設立契約上的限制，只在契約當事者之間有效，買入者、公司不受約束。這一點是必須留意的。

　　在美國，股份的轉讓限制是列入基本規章或附帶規章中的。這種限制，原則上不光是針對公司及契約的當事者這樣的股主，也涉及了解這種限制而買入轉讓股的第三者。轉讓限制的內容是：①欲轉讓股份的股主，首先得向公司或其他股主表示轉讓的意思。或者，②多按照"轉讓得合符合資公司設立契約之規定"這一制度辦理。不過，若是股票上沒有明瞭地載明轉讓限制事項的話，那對不知情況的第三者來說，是無效的（UCC sec 8-204）。

4.3　設立合資公司契約書的主要條項之文例

　　合資公司設立契約，因其事業的內容、當事者的意圖、設立所在國的法律等，可謂千差萬別，很難有標準化的東西。本書是旨在理解契約書的構成及內容而作出了一些例示。在實際制訂契約時，務必要得到充分了解事業內容的擔當人員以及熟悉法律、特別是熟悉該國法律的、對國際契約有經驗者的協助。又，條項中 4.01-A，B 這樣的表示，乃是替代或有所追加內容的文例。

4.3.1　標題及序文

> **_JOINT VENTURE AGREEMENT_**
>
> THIS AGREEMENT entered into this_____day of _____ by and between X Co., Ltd., a corporation

organized and existing under the laws of Japan with its principal office at＿＿＿＿＿（hereinafter referred to as "X"）and Y Corporation, a corporation organized and existing under the laws of（state）U.S.A., with its principal office at ＿＿＿＿＿（here in after referred to as "Y"）.

WITNESSETH:

WHEREAS, the parties hereto have agreed jointly to organize a corporation under the laws of Japan for the principal purpose of the manufacture and sale of certain PRODUCTS（as hereinafter defined）, on the terms and conditions hereinafter set forth.

NOW, THEREFORE, in consideration of the premises and mutual convenants herein contained, the parties hereto hereby agree as follows:

合併契約

　　本契約的當事者雙方是：在某某地方擁有主要事務所的、基於日本之法律而設立並存在的 X 株式會社（以下稱為 X）：在某某地方擁有主要事務所的、基於 U.S.A（州）之法律而設立並存在的 Y 股份有限公司（以下稱為 Y）。

　　雙方於某年某月某日締結此契約，就下述事項認賬不誤。

當事者雙方達成協議：在以下規定的條件上，旨在從事一定製品（另列定義）的製造及銷售，茲共同設立基於日本法的公司。

今以序文及本契約所賦予的相互約定為約因，當事者雙方的合意如下：

標題通常稱作 Joint Venture Agreement，但也有稱作：Basic Agreement, Formation Agreement, Shareholders Agreement 等。

4.3.2　定義

SECTION 1.00 DEFINTIONS
（文例從略）

●對新公司、生效日期、製品等正文中屢屢使用的語句詞匯，作出定義。

4.3.3　生效條件

SECTION 2.00 CONDITIONS PRECEDENT
（文例從略）

●若須政府當局予以認可者，則以該認可為契約生效之條件。

4.3.4 新公司的設立

SECTION 3.00 FORMATION OF NEWCO
第 3 條 新公司的設立

/ *3.01 Organization and Registration* /

As soon as practically possible after the EFFECTIVE DATE, the parties hereto shall cause NEWCO to be organized and registered under the laws of Japan. For said purpose, X shall, with the consent of Y, nominate one (1) promoter. The parties hereto shall closely cooperate and consult with each other with respect to the procedures and particulars of the organization and registration of NEWCO.

/ 3.01 設立及登記 /

　　生效之後，只要實際上可能，當事者該迅速地設立該基於日本法的新公司，並予以登記。為此，X 在徵得 Y 之同意後，指名一名發起人。當事者雙方當就新公司的設立、登記手續及各種事項予以緊密協作，相互協商。

●設立手續因國而異，所以當據設立依據法而作出規定。

3.02 Initial Articles of Incorporation of NEWCO

At the time of the organization and registration of NEWCO pursuant to Paragraph 3.01 hereof, the parties hereto shall cause NEWCO to adopt as its articles of incorporation an accurate Japanese language translation of the English language version of the form of articles of incorporation annexed hereto and marked "Exhibit A".

3.02 新公司設立時的規章

在基於 3.01 項進行新公司的設立和登記時際，對新公司，當事者可把本契約書所附有的"附件 A"之英文格式規章的日語正確譯文作為規章予以採用。

3.03 Initial Capital of NEWCO

At the time of the organization and registration of NEWCO pursuant to Paragraph 3.01 hereof, NEWCO shall have a total paid-in capital of_____Yen (￥_____), and an authorized capital of_____Yen (￥_____).

3.03 新公司設立時的資金

在據 3.01 項進行新公司的設立及登記之時點，新公司的總納入資金為若干日圓，授權資本為若干日圓。

3.04 Capital Contributions by Each Party

Of the initial paid-in capital of NEWCO, X and promoters designated by it shall contribute in cash the sum of_____Yen（￥_____ ）for_____（_____ ）shares of par value common voting stock of NEWCO having a par value of_____Yen（￥____ _）per share. Y shall contribute in cash the sum of_____Yen（￥_____ ）for_____（_____ ）shares of par value common voting stock of NEWCO having a par value of_____Yen（￥_____）per share. Immediately after the registration of NEWCO, the parties hereto shall take, and shall cause NEWCO and the promoters of NEWCO to take, all action which may be required in order to complete the transfer to X of all shares subscribed to by said promoters so that the shares of NEWCO will be owned as follows:

X_____%

Y_____%

3.04 當事者各自的出資

在新公司設立時的納入資金中，X 及其任命的發起人，以每股額面金額若干日圓的新公司之普通議決權股份若干股的相當價值計，凡納入現金若干日圓。Y 方面，以額面若干日圓的新公司之普通議決權股份若干股的相當價值計，凡納入現金若干日圓。新公司一旦登記後，兩當事者得立即自己或作為新公司、發起人，為使發起人引進的全部股份完全移至 X 事宜，作好一切必要的措置。結果，新公司的股份保有情況如下：

X：百分之若干（％）

Y：百分之若干（％）

●出資分現金出資及現物出資，而實際上多為現金出資。由現金出資設立公司，有"單純設立"——有關當事者一次性引進全部股份而設立合資公司；還有"關閉性"設立方式——先由一方出資設立公司，接着，另一方的當事者納入新公司的增資新股，同時締結對新公司的關聯契約。這裏以"單純設立"為例。

4.3.5 新公司的運營

SECTION 4.00 MANAGEMENT OF NEWCO
第 4 條 新公司的運營

4.01 The Board of Directors of NEWCO

Except as otherwise required by mandatory provisions of law or provided for in the articles of incorporation of NEWCO, responsibility for the management, direction and control of NEWCO shall be vested in the board of directors of NEWCO. NEWCO shall have_____ (_____) directors, who shall be elected at general meetings of shareholders of NEWCO. It is agreed that _____(_____) of the directors of NEWCO shall be individuals nominated by X, and_____(_____) of the directors shall be individuals nominated by Y.

4.01 新公司的董事會

只要沒有法律強行規定的勒令或新公司規章裏的特別規定，新公司的運營、管理及監督，都屬於新公司董事會的義務。新公司持有股東大會選出來的董事若干名。新公司的若干名董事，系由 X 指名的人員；若干名董事，系由 Y 指名的人員。

● 一般說來，各當事者具有根據出資比率而指名若干名董事的權限。

4.01-A Resolutions of Board of Directors Meetings

The Resolution on the following fundamental matters shall be adopted by the affirmative vote of at least two-thirds of the total number of directors provided for in the articles of incorporation of NEWCO.

(a)Increase or decrease of capital

(b)Issuance of debentures

(c)Borrowing funds in excess of_____

(d)investment in other companies

4.01-A 董事會的決議

關於下列基本事項的決議，得按新公司規章所規定的全體董事人數的三分之二以上贊成，方可通過。

(a)增資及減資。

(b)社債的發行。

(c)超過若干日圓的資金借入。

(d)對其他公司的投資。

●對於股東大會的決議事項、決議方法，若有特別規定的話，也可用 "Meetings and Resolutions of Shareholders"，作為一個項目列入。

4.01-B Agreement of Shareholders

Any of the following matters shall not be presented to the meeting of the Board of Directors or the general meeting of shareholders for resolution without the prior consent in writing of X and Y;

(a) Amendments to the articles of incorporation (and the Regulation of Board of Directors;)

(b) Issuance of Debentures;

(c) Disposition of important assets and property of NEWCO;

(d) Any other matters decided by the Board of Directors to be so important as may affect the financial and business position of NEWCO.

4.01-B 股主的合意

對於下列事項的任何一項，只要沒有 X 及 Y 的書面性事先合意，不得付諸董事會及股東大會進行決議。

(a) 規章(以及董事會規則)的變更。

(b) 社債的發行。

(c) 新公司重要資產的處理。

(d) 在董事會上，有可能給新公司的財政及事業帶來舉足輕重影響的其他一切事項。

4.02 Representative Directors

NEWCO shall have_____(_____) representative directors who shall be elected by the Board of Directors of NEWCO from among its members. One of the representative directors shall be an individual nominated by X and acceptable to Y, and the other representative director shall be an individual nominated by Y and acceptable to X. The respresentative director nominated by X shall be elected President of NEWCO, and the representative director nominated by Y shall be elected Vice President.

4.02 董事長

新公司持有董事會成員中選出來的董事長若干名。有一名董事長是由 X 指名而得到 Y 認可的人員；另外的董事長是由 Y 指名而得到 X 認可的人員。由 X 指名的董事長出任社長，由 Y 指名的董事長出任副社長。

4.03 Auditors

NEWCO shall have one（1）statutory auditor（kansayaku），who shall be nominated by X and acceptable to Y. NEWCO shall, at the request of Y, have one（1）additional statutory auditor（kansayaku），who shall be nominated by Y and acceptable to X.

4.03 監察員

　　新公司置有一名由 X 指名而得到 Y 認可的監察員；如若 Y 有所要求的話，則再置一名由 Y 指名而得到 X 認可的監察員。

4.04 Cooperation in Election of Directors, Representative Directors and Auditors

　　Each of the parties hereto hereby convenants and agrees to vote its shares of NEWCO, and to cause the directors of NEWCO nominated by it to cast their votes, so as to appoint as directors, representative directors and auditor of NEWCO, as the case may be, individuals who qualify under the foregoing provisions of this SECTION 4.00. In the event of the death, incapacity, resignation or other removal of a director, representative director or auditor prior to the end of his term of office, each of the parties hereto agrees to vote its shares of NEWCO, and to cause the directors of NEWCO nominated by it to cast their votes. so as to appoint as his replacement a nominee who qualifies under the said foregoing provisions of this SECTION 4.00.

　　為了各自的董事、董事長及監察員，當事者當行使新公司的議決權去指名適合前面第 4 條規定的人選，並使由各當事者指名的新公司董事行使議決權。董事、董事長以及監察員在任期途中，若出現死亡、無能力、退任或被解任的情況時，各當事者當行使新公司的議決權，指名據第 4 條規定的有資格的被推薦者予以繼任，並使由該當事者指名的董事行使其議決權。

4.05 Books of Account

The parties hereto shall cause NEWCO to keep true and accurate books of account and financial and related records in　strict accordance with generally accepted international accounting practices, standards and procedures as prescribed by the firm of accountants to be designated pursuant to Paragraph 4.06 hereof.

4.05 會計賬冊

　　對於新公司，當事者得遵照第 4.06 項指名的監察法人之指示，嚴格按照一般公認的國際會計慣習、基準、手續，使其保持真正、正確的會計、財務以及有關記錄的賬冊。

4.06 Independent Public Accountants

At the end of each accounting period of NEWCO, the books of account and records of NEWCO shall be audited, at the expense of NEWCO, by a firm of certified public accountants licensed to practice in Japan and mutually acceptable to the parties hereto.

4.06 獨立的公認會計師

新公司的會計年度終了時，新公司的會計賬冊及記錄，得由具有日本之營業許可並為兩當事者所能接受的監察法人，以新公司的費用進行監查。

4.07 Reporting and Inspection of NEWCO Records

Promptly after the close of each quarterly period. NEWCO shall submit to each of the parties hereto in the Japanese and English languages the balance sheet and profit and loss statement of NEWCO in respect of such quarterly period. Further, NEWCO shall make available at its principal place of business to each of the parties hereto, or to its designated representation (s), its books of account and records, if and when any party hereto shall so request.

4.07 新公司的記錄之報告及檢查

新公司在渡過了四分之一的時期時，得用日語及英語，把該四分之一時期的借貸對照表及損益計算書提交各當事者。至於當事者在甚麼時候提出需要時，新公司得把該會計賬冊及記錄拿出來，讓彼當事者或指名的代理人在新公司的主要事業所披覽。

● 凡是合資公司，不論是否被賦予法律義務，為了公正，由公認會計師進行監查的事，是少不了的。

4.3.6　新公司的業務

SECTION 5.00 BUSINESS OF NEWCO
第 5 條　新公司的業務

5.01 Manufacture and Sale of PRODUCTS

NEWCO shall be engaged in the manufacture of the PRODUCTS in Japan and the sale of the PRODUCTS in Japan and such other countries as may be agreed upon between the parties hereto.　NEWCO shall also be engaged in such other business as may from time to time be agreed upon between the parties hereto.

5.01 製品的製造及銷售

新公司在日本進行製品的製造之同時，也在日本及雙方合意的其他各國開展製品的銷售。新公司還得從事當事者雙方隨時達成協議的其他業務。

5.02 Conclusion of License Agreement

Promptly after the organization and registration of NEWCO, Y shall enter into a License Agreement with NEWCO in the form annexed hereto as Exhibit B.

5.02 技術援助契約的締結

在新公司的設立和登記之後，y立即按照附件B的格式，與新公司締結技術援助契約。

5.02-A Conclusion of Distributorship Agreement

Promptly after the organization and registration of NEWCO, Y shall enter into a Distributorship Agreement with NEWCO in the form annexed hereto as Exhibit C.

5.02-A 代銷店契約的締結

在新公司的設立和登記之後，y立即按照附件C的格式，與新公司締結代銷店契約。

- 如前所述，合資公司不單單是共同設立一個新公司，其意義還在於母公司與母公司、母公司與子公司合為一體地從事共同事業。所以，關聯契約的締結也應該從整體的立場出發，加以充分的探討。特別是與技術援助契約、代銷店契約等關聯的契約，怎樣使其與合資公司設立契約（基本契約）保持協調性，是要予以注意的。

4.3.7 財務

SECTION 6.00 FINANCING
第 6 條　財務

6.01 Working Capital

NEWCO shall obtain its necessary working capital over and above its share capital by commercial borrowing in Japan as approved by its Board of Directors. If, as a condition to granting any such loan, the lender requires guarantee (s), the parties shall undertake to provide the guarantee (s), each in proportion to its shareholding in NEWCO. In the event NEWCO is unable to borrow funds considered by the parties hereto to be necessary, the parties agree lend (directly or indirectly) to NEWCO the necessary funds in the ratio of their shareholdings in

NEWCO up to such amounts as they may from to time to time mutually agree upon. Each party shall make each loan to NEWCO, unless otherwise agreed, on the same terms and conditions regarding duration, interest, repayment and otherwise, as the corresponding loan made by the other party.

6.01 運轉資金

　　新公司的超出其資本金的必要運轉資金，當通過董事會首肯的位於日本的商業借入，予以調達。如若貸款者在借款條件上要求保證的話，當事者當根據新公司的出資比率進行保證。當新公司不能貸入當事者認為必要的資金時，當事者當以當事者雙方隨時達成協議的金額為限度，根據新公司的出資比率，把此必要資金貸款給新公司。只要各當事者沒有甚麼別的協議，關於該貸款的期限、利息、還款等問題，當與其他當事者給予貸款之相同條件處之。

6.02 Issuance of Additional Shares

Any issuance of additional shares of NEWCO shall be made only in accordance with the agreement of the parties hereto in writing.

6.02 追加股份的發行

　　新公司的追加股份的發行，悉據兩當事者的書面同意行事。

● 對於新公司的資金調達，不僅是母公司的貸款及追加出資問題，還需就母公司對金融機構的保證，充分達成協議才行。此外，還該事先調查一下：母公司的這種做法，在外資法上是否可行。

4.3.8　新股承受權及股份的轉讓

SECTION　7.00　PRE-EMPTIVE　RIGHTS　AND
TRANSFER OF SHARES
第 7 條　　新股承受權及股份的轉讓

7.01 Pre-emptive Rights

Each of the parties hereto, as shareholders of NEWCO, shall have pre-emptive rights to acquire any additional shares which NEWCO may issue subsequent to its organization and registration.

7.01 新股承受權

　　各當事者作為新公司的股東，具有獲取新公司設立、登記後所發行的新公司追加股份的新股承受權。

7.02 General Restriction of Transfer, Etc.

Except as otherwise expressly provided for in this SECTION 7.00, the parties hereto mutually covenant and agree not to sell, assign, pledge or in any other manner transfer title or rights to, or otherwise encumber, any of the shares of NEWCO held by them, or pre-emptive right to new shares allotted to them, respectively, or to take any action leading to or likely to result in any of the foregoing.

7.02 轉讓等的一般性限制

除了第7條中的明文規定之場合，當事者不得把保有的新公司股份及分攤所得的新股承受權，通過賣掉、轉讓、典質或其他方法，轉移所有權或其他權利；亦不得作為結果地作出任何導入這些行為的事情。

● 對於母公司和子公司之間以及關聯公司的轉讓，也有不受此限之例。

7.03 Right of First Refusal

If either party hereto desires to sell or transfer all or any portion of the shares NEWCO held by it, such party shall first offer to sell said shares to the other party. Any such offer shall state the suggested purchase price per share and other terms and conditions. Such first offer shall remain effective until whichever of the following events shall first occur:

（ⅰ） Dispatch by the party to whom such offer is made of written notice of rejection of the first offer so extended; or

（ⅱ） The elapse of_____（_____） days after the date of receipt of such first offer.

If the terms and conditions proposed by the offeror are not agreeable to the other party, the parties shall negotiate in good faith during the effective period of such first offer in an attempt to reach agreement. Acceptance of any such offer which has been made pursuant to this Paragraph 7.03 shall be effective upon dispatch by the party to whom such offer has been made of written notice of acceptance thereof, if such dispatch occurs within _____（_____ ） days after the date of receipt of such offer.

7.03 先買權

　　如若某當事者想把其保有的新公司股份的全部或一部分賣掉或轉讓時，該當事者必須先向其他的當事者提出出賣申請；提出時，必須明確開示出每股的希望股價及其他條件。這最初提出的申請，在下述任何一種事情發生之前，是有效的。

（i）得到這出賣申請的對方，發出了書面的拒絕買入通知。

（ii）從收到這最初出賣申請時算起，經過了若干天。

　　　　如若申請出賣者所提示的條件不能為其他當事者所接受的話，兩當事者得誠意協商，以期在出賣申請的有效期間裏達成協議。對於據 7.03 項提出的該種申請的承諾，以向申請者發出承諾通知信息為有效。但是該發出信息必須在收到此申請後的若干天之內才行。

7.03-A

　　If within _____ days after the receipt of such notice the parties are unable to agree on the value of shares, then the parties shall select an independent certified public accountant to make such determination.

7.03-A

如若在收到該最初申請的若干天之內，不能就股價達成合意的話，兩當事者可物色獨立的公認會計師來定出股價。

7.03-B

The price of each share to be determined shall be equal to the amount obtained by dividing the net asset value of NEWCO at the time of offer, by the number of the then outstanding shares, unless otherwise agreed upon between the parties.

7.03-B

若在兩當事者之間不能就每股的相當價格達成甚麼協議，可用已發行股份數值去除(÷)提出該申請時的新公司的純資產數值，其商數便是價格數值。

7.04 Failure or Refusal to Accept First Offer

If the offeree shall refuse or fail to accept the offer for all or any portion of the shares of NEWCO so offered, the offeror shall have the right, for a period of_____

(_____) days, to offer such shares or the remaining

portion thereof, as the case may be, to any third party, at

the same or higher purchase price per share and on the

same terms and conditions as were offered the other

party hereto; provided that any transfer of shares of

NEWCO to a third party pursuant to this Paragraph 7.04

shall be conditioned upon the full and unconditional

assumption by such third party transferee in writing of all

of the obligations of the transferor provided for in this

Agreement and all other agreements entered into

pursuant to this Agreement. If the transferring party

shall not sell all or any portion of the said shares within

the said period of_____(_____) days or shall wish to

sell the same at a lower price and/or on different terms

and conditions than were offered to the other party

hereto, before selling such shares or any of them, the

transferring party shall again offer such shares to the

other party hereto in accordance with the provisions of

paragraph 7.03 hereof.

7.04 對於最初之申請，承諾遲遲不答覆或表示拒絕者

如若被申請的一方不就申請的全部或一部分給

以拒絕的答覆，則申請者有權在若干天裏，以其已提出的價格或高於此的價格，以同樣的條件，向任何第三者提出出賣事宜。不過，據此 7.04 項的把新公司股分轉讓給第三者，是有條件的，那就是：得到轉讓的第三者得用書面表示完全、無條件地承擔遵守一切有關本契約及據本契約締結的其他所有契約之規定的義務。

　如若轉讓的當事者在若干天以內沒把股份的全部或一部分賣掉，或者想以低於其已提出的價格或以不同的條件出賣時，該轉讓的當事者在出賣給第三者之前，必須再依從 7.03 項而向其他的當事者提出申請。

● 若需政府認可的話，該事先列入這類規定。
● 有關保守情報信息方面的秘密、生效日期、有效期間、契約不履行、解散、不可抗因素條項、依據法、糾紛處理等一般條項，謹予從略。

第 5 章

成套設備出口契約和海外
建築工程契約

第 5 章

成套設備出口契約和海外 建築工程契約

5.1 海外工程契約的兩種類型及法律性質

5.1.1 甚麼叫海外工程契約

　　成套設備出口契約及海外建築工程契約(以下總稱海外工程契約),是指:作為當事者一方的承包業者(以下稱作 contractor),把具有一定性能的設備、裝置(plant),在海外的一定地區安裝、建設、完成,而作為當事者另一方的顧主(以下稱作 owner),對此支付一定的費用。

5.1.2 海外工程契約的兩種類型

　　海外工程契約可據承包業者的提供範圍,有各種各樣的類型,但大致可分為兩類(見表 5.1)。

表 5.1　海外工程契約的兩種類型

—— "全賣型"和"承包型" ——

	FOB 型類型	齊備型（turnkey system）類型
基本性質	機器全部出賣	安裝工程承包型
業務範圍	設計、製作、裝船	設計、製作、裝船、安裝、建設、試驗運轉、技術指導
種類	FAS（加指導）型	
	FOB（加指導）型	全齊備型（全面承接上述業務）
	C & F（加指導）型	半齊備型
	CIF（加指導）型 ⋮ 安裝，建設，遣人指導運轉	（機器提供：A 社 　安裝工程：B 社）
契約的法的性質	主要具有買賣契約的性質，同時具有承包契約的性質，乃是複合契約	主要具有承包契約的性質，同時具有買賣契約的性質，乃是複合契約
所有權及風險負擔的轉移時期	裝船之時點（通過該船欄檻的時點）	移交試驗運轉合格之時點

　　如表 5.1 所示，FOB 型是"機器全部出賣"，具有近似買賣契約的性質；"齊備（turnkey system）"型的業務範圍是極廣泛複雜的，承包業者的工作有：設計、製作、建築工程、技術指導等。承包業者的風險性也因之而擴大。

5.1.3 作為複合契約的海外工程契約

若分析一下海外工程契約之兩當事者的權利及義務的內容，可以看到，從承包業者負有完成具一定性能的成套設備之建設事業的義務來說，該契約基本具有承包契約的性質（圖 5.1a）；從其負有義務要為該成套設備的建設提供機械材料來說，該契約又含有買賣契約的內容（圖 5.1b）；再從指導試驗運轉等一定的技術信息轉移這一意義上來說，還具有技術援助契約的一面（圖 5.1c）。不言而喻，彼當然同時具有國際契約所有的各項特徵。因之可以這麼說：海外工程契約的法的性質乃是：兼有承包契約、買賣契約、技術援助契約的複合契約。

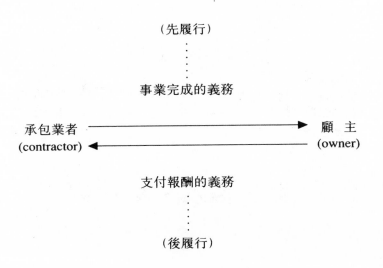

圖 5.1a　作為承包契約的一面

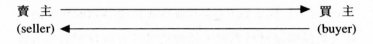

物品交付的義務

賣　主 ————————————————▶ 買　主
(seller) ◀———————————————— (buyer)

支付款項的義務

圖 5.1b　作為買賣契約的一面

技術、情報、尖端信息

技術實施
許諾者 ————————————————▶ 實施權者
(licensor) ◀——————————————— (licensee)

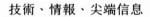

等　價

圖 5.1c　作為技術援助契約的一面

5.1.4 承包業者的風險

　　海外工程契約有着很長的契約期間，從投標起，至承訂、設計、製作、安裝、建設、運轉；加上承訂金額多很巨大，承包業者完成事業的義務也具有下面那種複雜而流動的性質，因此，承包業者的風險就更加大了，具體有這樣一些：

（1）買賣契約中的賣主，一旦把一定的物品裝船之後，基本義務也隨之完成。但承包業者與之不同，他要對事業完成的本身負責，而與"事業（具一定生產能力的成套設備之建設）"完成過程中的工務提供分量之大小無涉。

（2）承包業者必須聽從顧主的指示來完成事業。根據顧主對業務的變更指示，事業的範圍也可能無限定地予以擴大。

（3）以契約為前提的環境要因的不穩定性以及預測的困難性。
　　一些預料之外的事態——與國內不同的當地之自然條件（現場的天時、地理）、基盤建設狀況不良、外國人勞動者的質量等問題，致使工作量的預測極其困難。

（4）依賴顧主方面的協作事項而帶來的不確定性。
　　在顧主方面的協作事項中，諸如顧主方面的提供機械材料及當地政府的許可等，也存在着很多不確定要因。

(5) 在規劃的巨大化及複雜化的同時，往往要受到該顧主啟用的其他承包工程之進行狀況之影響，這就加大了該承包業者的風險。

(6) 承包業者的保證責任的不確定性

除了作為賣主的有關機械材料的保證責任之外，還存在着有關成套設備性能保證這一難以確定的保證責任。此外，尚有依存顧主的技術水準問題（技術援助的性質）。

(7) 支付款項是針對承包業者"完成了事業"而言的，"等價"的原則是事後付款。完成事業要先履行，那末，承包業者單方面負擔上述那些風險的可能性（承包契約的單向性）也增大。

因此，本書擬就承包業者的立場出發，來對海外工程契約之需留意的地方，作些解說。

5.1.5 標準約款

對於海外工程契約，有着現成的、已公開的國際性標準約款。

聯合國歐洲經濟委員會（UN‧ECE）製有 FOB型、全齊備型（full turnkey system）等各種類型的標準約款。國際工程師聯合諮詢會（FIDIC）已發表用於土木、電器機械、以及顧主與工程師間契約的標準約款。在英國，有建設方面有關團體作成的 ICE 約款、ACE

約款、RIBA 約款等；美國則有 AIA 約款、AGC 約款等。

　　在制訂契約書時，這些標準約款可用作參考，但日本企業處於承包業者的地位時，斟酌利益而予以修正、補充地加以利用，乃是很重要的。

5.2　投標以及締結海外工程契約的注意點

　　海外工程契約也是須經顧主與承包業者達成合意才得以成立的。而在海外工程契約中，這種合意是通過¨投標（tendering，或稱作 bid）¨這一手續來體現的。顧主就一定的規劃，以公告或指名一些公司來要求工程事業者投標，承包業者對此作出¨應標（proposal tender）¨，是為契約的提議；顧主若從應標者裏選定特定的承包業者使其¨中標¨的話，此¨中標¨為¨承諾¨，契約得到成立。

　　一旦以¨投標書¨而¨應標¨的話，不能撤回；承包業者在¨中標¨揭曉之前的期間，是受到約束的。在投標時，若在費用、工期、保證等方面有着不確定要素的話，宜作出留有變更餘地的表現。

　　中標後，當事者雙方當據計劃內容書，就工程內容、工期、費用等主要的契約條件予以確認。若明確該內容書確具有能確定契約內容的程度，則可具有作為契約書的約束力。

進而由粗至細地對細節部分也達成合意，制成最後的契約書。在正式契約書的作成過程中，由於可規定文件的最終性及排他性而否定在此之前的合意內容之效力，所以要充分注意構成契約書之文件的範圍。一般說來，是由這樣一些文件構成的：投標(已中標者)、一般條件、工序說明書、一些附件、契約書表格。

5.3　海外工程契約的主要條項

正如上面所談，海外建設工程契約是由契約書、一般交易條件、工序說明書、附件等文件構成的一堆文書。契約正文以至一般條件中應該列入的主要條項有：(1)序文；(2)定義；(3)業務的範圍；(4)承包業者的提供；(5)顧主的提供；(6)業務的變更；(7)完成時期；(8)不可抗因素；(9)履行要領；(10)工師技師；(11)業務的保護和損害；(12)履行保證；(13)契約金額；(14)試測及驗收；(15)成套設備的所有權及風險；(16)保證；(17)保險；(18)不履行及救濟；(19)圖紙及文件；(20)糾紛處理；(21)依據法；(22)轉讓及轉包；(23)增改訂內容；(24)完全合意；(25)生效；(26)通知；(27)結尾辭。

規模龐大的規劃及複雜的工程，對於這些條項以及其他的一些規定，還定有更詳細的條文，但本書限於篇幅，只就主要條項的主要表現予以介紹。

成套設備工程契約通常以下面這樣的條文起頭：

CONTRACT

This Contract made and entered into this_____day of_____, 1977 by and between Y Corporation a corporation organized and existing under the laws of the State of New York with principal offices at_____, N.Y., U.S.A. (hereinafter called "Owner") and X Company Ltd., a corporation organized and existing under the laws of Japan, with principal offices at _____, Tokyo, Japan (hereinafter called "Contractor").

WITNESSETH THAT:

Whereas the Owner desires the Contractor to perform certain services in the design and construction of a plant for the manufacture of ABC products to be built in; and

Whereas the Contractor is willing to perform such services on the terms and conditions set forth in this Contract:

Now therefore, for and in consideration of the mutual covenants and agreements hereinafter set forth, the parties hereto agree as follows:

> ### 契約
>
> 　　1977 年某月某日，基於紐約州法律設立並存
> 在、主要事務所位於美國某地的法人公司 Y（以下
> 稱"顧主"），與基於日本國法律設立並存在、總公
> 司位於日本國東京某地的 X 株式會社（以下稱"承
> 包業者"），訂立本契約；具體如下：
>
> 　　顧主希望有人來承擔在某地設計、建設生產
> ABC 製品的成套設備的工務；
>
> 　　承包者希望依據本契約所定的諸條件，來承擔
> 上述的工務。於是，雙方的當事者以下面定出的互
> 相約定和合意為"等價"條件，協議結果如下：

　　成套設備工程契約的工程對象，不但工程金額巨
大，時期也很長，所以契約書的規定辦法也詳細、複
雜，有達幾百頁之厚的。

　　為便於制訂契約書，也為了不要就各當事者的權利
義務關係發生誤解及解釋上的齟齬，宜在開頭的定義條
項裏，給一些重要的概念予以明確的定義，諸如下列一
些概念的意義——契約的當事者（contractor，owner）、
工程技師（engineer）、業務（work）、契約（contract）、
工程費用（contract price）、現場（site）、承包業者提供
（contractor supply）、顧主提供（owner supply）、建設

機械（construction aid）、成套設備（plant）、完成時期
（time for completion）、驗收證明（acceptance certificate）、
保證期間（warranty period）、最終證明（final certificate）
等。

5.4　承包業者的業務範圍及風險

5.4.1　業務範圍（scope of work）

　　海外工程契約裏的承包業者之完成事業的義務，已
如上述，那本是具有強烈的、使承包業者背上過重負擔
的東西。這種完成事業的義務，其範圍是由各條各款來
決定的，而規定其基本框框的，乃是 scope of work 條
項。

　　圍繞着此條項的規定辦法，顧主方面是希望盡量抽
象性地、總括性地規定承包業者的事業範圍；而從承包
業者的立場來說，想力爭具體性、限定性的規定。有不
少規劃，由於輕視此條項，以致在工程履行階段就背上
了預想之外的工作量，在預算上處於困境。

5.4.2　限定契約之業務範圍上的留意點

1. 根據海外工程契約的各種類型，對業務範圍賦於基本
性界限（見圖 5.2）。

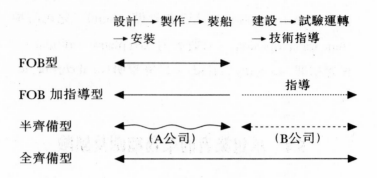

設計 → 製作 → 裝船　　建設 → 試驗運轉
→ 安裝　　　　　　　 → 技術指導

FOB型

FOB 加指導型　　　　　　　　　　指導

半齊備型　　　　　（A公司）　　　（B公司）

全齊備型

圖 5.2　工程契約的各種類型及業務範圍

2. 避免抽象性的表現，盡量詳細、具體地作出規定，尤其是那種慫憑顧主的主觀性、恣意性決定權的表現，務須避免，諸如：

  "The CONTRACTOR shall perform all the engineering services required in connection with the design and construction of the PLANT"

  （承包業者得履行就成套設備之設計及建設方面所要求的一切工程業務上的事）

  "Unless otherwise specified in the Contract, the Work shall be executed by the Contractor in accordance with good engineering practice."

  （只要契約上沒有異樣規定，業務得依從良好的工程慣行）

"The Contractor shall execute and complete the Work to the satisfaction of the Owner."

（承包業者在業務上必須旨在顧主感到滿意地來履行及完成好業務）

由於這類表現列入了契約而致使工程返工之類的事，可說並不少見。

3. 由此可見，應該據構成業務的諸要素予以分解，如下面那樣，根據契約構成文件上的具體規定，來限定其範圍（見圖5.3）。

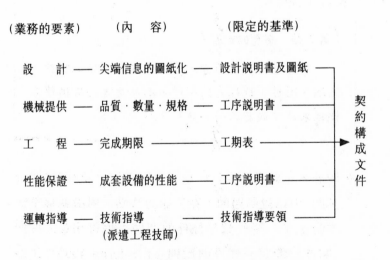

（業務的要素）　　　（內　容）　　　（限定的基準）

設　　計 ── 尖端信息的圖紙化 ── 設計說明書及圖紙 ─┐

機械提供 ── 品質‧數量‧規格 ── 工序說明書 ─┤

工　　程 ── 完成期限 ──────── 工期表 ─┼──▶ 契約構成文件

性能保證 ── 成套設備的性能 ──── 工序說明書 ─┤

運轉指導 ── 技術指導 ────── 技術指導要領 ─┘
　　　　　（派遣工程技師）

圖 5.3　契約書該規定的業務範圍

在業務範圍條項的表現上，可用下面英文文例第
1條那樣的表現法："有義務履行構成契約書之文件
(說明書、圖紙、工期表等)所規定的業務。"

---

1. Scope of Work

The Contractor shall provide Contractor Supply and
Construction Aid and construct and complete the Plant
and carry out the Work in accordance with the Contract
including Form of Contract, the Conditions of Contract,
Specifications, Drawings, Schedules and Tender as part
of the Contract.

第1條　業務的範圍

根據包括了契約書、一般條件、工序說明書、
圖紙、附件、投標書的契約，承包業者得提供建設
機械來建設成套設備和履行業務。

---

4. 關於承包業者的提供問題，得注意第2章《國際買賣
契約》中已說明過的，在裝船的時點，風險就移至買
主身上了；關於貿易條件的問題，也得注意，按照
《關於國際貿易條件的規則)(Incoterms 1953)》作出
的規定，在解釋上是會有些出入的。

2. Contractor Supply

（1）The Contractor shall be responsible for arranging and making shipment of the Contractor Supply pursuant to the terms of Delivery agreed upon by both parties.

（2）In the event that the terms of delivery are CIF, C & F, or FOB, the title to and rish of Equipment or materials to be supplied by the Contractor hereunder shall be transferred to the Owner at such time as they have effectively passed the ship's rail at the port of shipment.

第2條　承包業者的提供

（1）承包業者得按照當事者雙方合意的交付條件，有責任安排提供事宜及裝船。

（2）交付條件為 CIF、C & F、FOB 時，按照本契約規定，由承包業者提供的機械材料，其所有權和風險是在機械材料裝船而有效地通過該泊港船舷側欄檻時，移至顧主身上。

5. 明示顧主方面該提供的機械材料及工務，而且得把除此之外的事，從業務範圍裏排除掉。顧主的提供，有這樣一些：提供機械材料、現場、尖端技術信息（指

顧主該提供尖端技術信息的契約形態之場合）、確保
建設基盤的利用、取得現地行政當局的認可等。

　　如因顧主方面的責任而使"顧主的提供"不能兌現
的話，竣工期限得予以調整。這是應該明確列入的
（參閱第 5 節）。

　　在契約上，宜像下面的英文第 3 條那樣，就顧主
該提供的機械材料及工務予以具體列記，明確顧主的
義務所在。

---

3. Owner Supply

The Owner shall provide the Contractor with the
following in the place of the Site designated by the
Owner:

(1) the Site necessary for the execution of the Work.

(2) the Equipment, the materials and other items
specified in Schedule_____ .

(3) obtaining all necessary approvals required by the
government of_____ 。

(4) necessary numbers of operating personnel for start-
up of the Plant.

(5) the materials specified in Schedule_____for the
operation of the Plant.

第3條　顧主的提供

　　　顧主必須在其指定的現場向承包業者提供下列物件。

(1) 業務履行上少不了的現場。

(2) 附件某某所規定的機械材料及其品種。

(3) 取得某某政府所要求的一切認可。

(4) 成套設備開始運轉時不可少的工員人數。

(5) 成套設備運轉時需要的附件所規定的材料。

6. 因業務變更、業務停止而致使契約金額及完成時期調整的方法，得公正合理。

(1) 業務變更及停止的指示權往往多在顧主及工程技師手裏(FIDIC 約款，土木 51 條，電器機械 34 條)。

(2) 顧主若屢屢要求變更業務及停止業務，業務範圍的限定便有空洞化之虞，這是不能不予以注意的。此外，必須留心這樣的條文是很危險的："對於小的變更，則契約金額及工期不予調整。"

(3) 發生業務變更及停止時，必須使契約金額及完成期限能夠得到調整。

　　●應該使承包業者獲有"業務變更、停止時對契約金額、完成期限之影響"的提案權(FIDIC 約款，土木 51 條，電器機械 34 條)。

● 關於契約金額及完成期限之調整的最終決定權：
ⓐ雙方協議而定；ⓑ原則上由雙方協議而定，協
議不成者，由工程技師決定；ⓒ由顧主決定。
辦法雖有這樣三種，但不擬聽任顧主單方面決定
為好，所以ⓒ的辦法應該努力排除。至於重要的
變更與小的變更，在單價的決定方式等方面，調
整方法實際上是多少有些不同的（境界：FIDIC
10%，15%，國內公共工程承包標準約款 20%）。
　　契約上宜設下面這樣一類的有關業務變更條項的表
現方法。

4. Alteration of Work

The Contractor may propose in writing to the
Engineer whenever the necessity arises; but The
Engineer shall have full power, to direct the Contractor
in writing, from time to time during the execution of the
Contract to alter, amend, omit, add to or otherwise vary
any of the Work.

In any case in which the Contractor has received any
such direction from the Engineer which in the opinion of
the Contractor, involves an increase or decrease in the
Contract Price, or effect on Time for Completion, the

Contractor shall advise the Engineer in writing to that effect. The difference in cost occasioned by any such variations, shall be added to or deducted from the Contract Price as the case may require.

The amount of such difference shall be ascertained and determined in accordance with the rates specified in the Schedules of prices.

The effect on Time for Completion shall be agreed between the Engineer and the Contractor.

第4條 業務的變更

在契約的履行中，隨時有甚麼業務方面的變更、修正、除外、追加及其他變更者，承包業者可根據需要向工程技師作出書面提案，但工程技師對這些事具有指示之全權。

承包業者得到工程技師的變更指示後，根據承包業者的判斷，認為會對契約金額的增減乃至完成時期造成影響的話，該承包業者得就其影響問題，用書面與工程技師聯繫。由變更帶來的費用之差，當據契約金額予以增減。這一金額當據價格表來決定。

對於給完成時期造成的影響，當由工程技師及承包業者之間協議而定。

7. 發生非承包業者責任造成的(第三者的責任或不可抗因素等)成套設備之缺陷、工程滯宕、費用增加者，承包業者不予承擔，而由顧主承擔。這是應該予以明確列入的。

例如顧主委任別的承包業者施工的工程誤期，致使本承包業者的工程進展延誤而蒙受損害時，由於契約上顧主的責任不明確，便無法可想。這種例子，在實際中並不少見。

5.5 工程履行中的風險問題

在工程完成之前，承包業者所承擔的風險有其難以預料的一面。而且，在這個領域裏，既有契約上安排成功的話能有某種程度的防止風險的部分，也有契約處理不了的風險殘留問題。以下，就來看看與此局面有關的問題點及契約條項。

5.5.1 完成期限及延誤問題

1. 承包業者負有在契約規定的完成期限裏完成成套設備而交付給顧主的義務，若有延誤，則可有因履行延宕而帶來的被要求賠償損害之虞。

2. 擺脫承擔延誤責任的着眼點是：顧主該提供的項目延宕、現場的工業用水問題、其他承包業者的關聯工程誤期造成本承包業者的工程延誤等，出現這些不能由本承包業者負責的情況時，本承包業者不承擔責任，進而把完成期限的調整問題也納入契約規定。還宜設置由不可抗因素(戰爭、罷工、天災等)造成不能履行契約義務時也不作違約論的條項。

　　至於因顧主及工程技師之變更指示等帶來的誤期問題，可靈活應用第 4 節之(6)的業務變更對策中已談到的調整條項。

3. 關於損害賠償問題，則在契約上的預約條項裏限定"上限額"，不失為一個辦法。此外，不承認間接損害的責任，也是一個重要之點。

4. 列入上述各點的文例，大致如下。

---

5. Time for Completion

(1) Subject to any requirement in the Specifications as to completion of any portion of the Work before completion of the whole, the whole of the Work shall be completed within the time stated in (the Tender).

(2) The Contractor shall not be liable for any delay arising out of such reasons as are not attributed to the Contractor and time for Completion shall be adjusted in accordance with consultation and

agreement between the parties regarding the effect of such delay.

(3) Liquidated Damages for Delay.

If the Contractor shall fail to complete the Work within the time prescribed by Paragraph (1) hereof subject to Paragraph (2), then the Contractor shall pay to the Owner the sum stated in (the Tender) as liquidated damages for such default. The payment of such damages shall relieve the Contractor from his obligation to complete the Work within the time stipulated in Paragraph (1) and the time for completion shall be adjusted in accordance with consultation and agreement between the parties.

第5條　完成時期

(1) 在業務全體完成之前，得以業務各部分完成情況的內容明細書之要求為條件，在(投標書)所規定的時期裏完成全體業務。

(2) 由於非承包業者之責任造成的延誤，承包業者概不負責，而且完成時期當據當事者雙方就上述延誤之影響達成的協議或合意予以調整。

(3) 誤期的賠償預定，承包業者沒有能以第(2)項為條件而在第(1)項所規定的時期內完成業務的話，承包業者得以上述不履約的預定損害賠

償額，向顧主支付(投標書)所規定的金額。由
於支付了上述的損害賠償額，承包業者便不負
有在第(1)項所規定的時期內完成業務的義
務，而且完成時期該根據當事者雙方的協議及
合意作出調整。

5.5.2　工程的履行及勞務問題

關於工程的履行辦法，契約上可有下面一類的條
項。

6. *Manner of Execution*

The Contractor shall be responsible for a proper performance of the Work in accordance with the Manner of Execution of Work attached hereto.

第6條　履行要領

承包業者得依從本契約的附件"業務履行要領"
而對業務的切當履行負有責任。

附屬的"履行要領"這一文件，規定了現場作業人員
及被僱用人員應該遵守的規則以及在現場的詳細注意事
項。不過，仔細看一看這"履行要領"文件中的規定，在

承包業者的風險對策上，契約書中雖有各種慎重安排的條項，卻有悉為空文無實化的現象，這是要注意的。在業務範圍條項的該留意之點裏談到過的那頗成問題的顧主方面恣意性的指示權，有在此"履行要領"中予以規定的。

這"履行要領"是作為契約書的附件之一而成為構成契約的文件，所以，顧主方面若有甚麼提案等情況時，不可輕視之，而該充分予以研討。

在"履行要領"中，還要對現地勞動人員及第三國勞動人員規定出勞務管理上的問題，而對宗教習慣上的顧慮，以及在僱用及解僱手續之類的事上需要顧主方面給予協力及援助的必要事項，應該明確地予以列入。

5.5.3 工程技師的介在及該留意之點

在海外工程契約裏，除了顧主及承包業者之外，尚有一個作為當事者介在的人——工程技師。特別是承包業者方面沒有建設該成套設備之技術上的許可證明時，顧主就得僱請具有此許可證明的工程技師團體的人，使其作為顧主的代理人而開展活動。

在這種情況下，工程技師的地位正如下面的文例那樣，乃是顧主的代理人，承包業者有遵照其指示行事的義務。工程技師有進入現場的權利；面臨糾紛處理時，可享有裁判者的權限。

工程技師雖是顧主的代理人，卻又具有作為工程方面專家的中立性立場，所以說，比起由顧主本身直接對承包業者行使指示權來，工程技師的指示有可能是比較公正的。

不過，工程技師既然是顧主僱用的代理人，那就不可對其帶有的中立性期待過大，否則很危險。還有，承包業者方面若具有工程能力的話，則應該提出不需要工程技師這一介在體，並在契約伊始階段就要求把工程技師從契約關係中排除出去。

---

7. Engineer

(1) The Engineer shall be the Owner's representative during construction and until the final acceptance. The Engineer shall have authority to act on behalf of the Owner to the extent provided in the Contract.

(2) After the Tender has been accepted by the Owner all instructions and orders to the Contractor shall, except as herein otherwise provided, be given by the Engineer.

The Contractor shall proceed with the Work in accordance with decisions, instructions and orders given by the Engineer in accordance with the provisions of the Contract.

(3) The Engineer may at all times have access to the Work wherever it is in preparation and progress. The Contractor shall provide facilities for such access so the Engineer may perform his functions under the Contract.

第7條 工程技師

(1) 在建設過程中直至最後完成交付手續為止，工程技師一直是顧主的代理人。工程技師具有在契約規定的範圍裏代替顧主行動的權限。顧主對承包業者的一切指示，當通過工程技師發出。

(2) 投標書由顧主承諾後，對承包業者的所有指示及命令，若無其他特別的不同規定，當由工程技師下達。

承包業者得根據契約的各項規定，聽從工程技師下達的決定、指示及命令，來進行施工業務。

(3) 工程技師可在業務的準備中乃至進行中進入現場。承包業者得為工程技師據契約履行職能而進入現場提供方便。

5.5.4 工程業務的保護

在工程進行中直至成套設備完成、移交為止，承包業者佔有着包括建設中諸設備在內的施工業務，同時負有諸如罩蓋好諸設備之類的切實的保護、管理責任。不過，對於非因承包業者之責任而造成的破損，承包業者若給以修理，其費用當由顧主負擔。承包業者對於因轉包之過失而帶來的損害，則當予以負責。

---

8. *Protection of and Damage to Work*

(1) The Contractor shall properly cover up and protect until the Taking-Over any section or portion of the Work.

(2) In case of loss of or damage to any section or portion of the Work on the site arising from causes for which the Contractor is not responsible under the Contract, the same shall, if required by the Owner, be made good by the Contractor at the cost of the Owner at a price to be agreed between the Contractor and the Owner.

(3) All losses of and damage to any section or portion of the Work that shall not have been taken over, which shall arise from any act of the Contractor or any

sub-contractor or by a failure of the Contractor to comply with any obligation under the Contract, shall be made good at the sole cost of the Contractor.

第8條　工程業務的保護及損害

(1) 承包業者得在工程完成、移交為止，對施工業務的各部分作好切實的保護。

(2) 當施工業務的一部分發生損害，而據契約非屬承包業者的責任時，該損害，可因顧主的要求，由兩當事者協議出一個價格，由顧主出錢，由承包業者負責去修復。

(3) 對於施工業務之尚未移交的部分，若發生因承包業者或轉包人造成的、或者是承包業者不遵約造成的損害，當由承包業者出錢予以修復。

5.5.5　履約保證

承包業者若不能按契約履行工程建設，或者說到極點，發生了破產之類的事，這將使顧主蒙受極大的損失。因此，可要求承包業者本身納入保證金，或者要求其出具銀行等的保證。

9. *Performance Bond*

In order to secure proper performance of all the liabilities and obligations under the Contract the Contractor shall provide the Owner with a bank guarantee in the amount of fifteen (15) percent of the Contract Price, issued by a prime bank, provided that said performance bond shall be released on the date of the Acceptance Certificate.

第9條　履約保證

為了對承包業者的責任及義務之切實履行作出擔保，承包業者得提出有實力之銀行開具的、相當於契約金額百分之十五款項的銀行保證。

又，該履約保證在驗收移交之日即予以解除。

5.6　工程款項的確保

5.6.1　等價契約的類型

從等價算定的方式來看海外工程契約，大致可分為下述兩大類型。

1. 固定價格契約 (Lump Sum Contract)

（1）此乃顧主支付確定金額的契約。當承包業者的工作範圍及原價的預計比較明確時，該採用此方式；
若這方面的不確定要因頗大時，則不可採用此方
式。特別是締約後工程期間為長期者，就有可能遭
受到通貨膨脹及匯兌率變動之巨大風險，這是務須
予以留意的。至於上述那種不確定因素頗小時，此
方式可有通過努力削減成本來產生頗大收益的餘
地。這種契約又可分為兩種：

（2）Lump Sum Escalation Contract，此乃附有上述那
種"通貨膨脹風險"之調整條項的定額方式，聯合國
歐洲經濟委員會（UNECE）的標準約款中也採用此
方式，所以，日本機械輸出聯合會的變動制
（Sliding）條項模式也採取此法，其可根據材料費及
勞務費的上升率來進行調整。

（3）Lump Sum plus Unit Price Contract，此乃決定單
價後，可據量的增減而使契約價格進行增減。可用
於數量面的預測較難、而增減程度頗大的場合。

2. 實費精算契約（Cost plus Fee Contract）

（1）此可用於承包業者的工作範圍及成本預計較難、
工程又為長期的場合。可在工務、機械、資材的
成本上加算一定額的報酬。顧主方面可嚴格要求
成本管理，作為承包業者，也可把實費如實記
賬、申報。在巨型規劃的場合，由於難以預測的
風險極大，似該採取此法。

（2）報酬的計算方法，可有下列這些種類。

　①定額報酬式（Cost plus Fixed Fee Contract）

　②定率報酬加算式（Cost plus percentage contract）：把在實費上乘以一定比率的金額作為報酬，予以加算。

　③附最高額保證（Cost plus Fee with Guaranteed Maximum）：只用於能夠保證成本的場合。

　④附獎懲（Cost plus Fee with Bonus or penalty）：締約時，設定一定的成本目標額，當實際成績低於此額時，將其差額的一定比率用作獎金頒發；超過此額時，則反之，將此一定比率作為罰金，在支付額裏扣除。在那種通過承包業者的努力而很有可能減低成本的場合，採用此方法的話，是有其長處的。

5.6.2　契約上的處理問題

　下面是定額方式的文例（文案 A）及實費精算方式的文例（文案 B）。

　在定額方式的情況下，不言而喻，採用日圓結賬最為理想。用外國貨幣結賬的話，需要列入匯兌率風險價格，或要有靈活運用多國通貨結賬之類的工夫。

　採用實費精算方式時，除了應該明記報酬額之外，還該盡可能具體地明記結算類目及不結算類目。另外，有關登賬手續的規定，也是不可缺少的。

10. *Contract Price*

文案 A（Lump Sum 的場合）

The Owner shall, subject to the conditions herein contained, pay to the Contractor the following:

(i) Japanese Yen_____for machines, equipment, materials and parts procured from Japan.

(ii) Japanese Yen_____for all the services in construction and erection.

文案 B（Cost-plus Fee 的場合）

(i)（Fee for Service）

The Owner agrees to pay the Contractor as compensation for his service hereunder as follows: Japanese Yen_____.

(ii)（Costs to be Reimbursed）

The Owner agrees to reimburse the Contractor all costs necessarily incurred for the proper execution of the Work including the following items:

(a)_____(b)_____(c)_____……

(iii)（Costs Not to be Reimbursed）

Reimbursement of expenses to the Contractor shall not include any of the following:

(a)_____(b)_____(c)_____……

（iv）（Accounting）

The Contractor shall check all materials and labor entering into the Work and shall keep such full and detailed accounts as may be necessary to proper financial management hereunder.

第 10 條　契約金額

文案 A（固定價格之場合）

顧主得依從本契約的諸條件，向承包業者支付下列款項。

i. 從日本調配來的機械材料，計若干日圓。

ii. 建設過程中的全部勞役，計若干日圓。

文案 B（實費精算之場合）

i.（對勞務的報酬）

作為本契約上勞務的等價，顧主得向承包業者支付以下款項，計若干日圓。

ii.（該支付的經費項目）

顧主同意向承包業者支付施工業務切實履行帶來的一切費用，其費用項目包括以下各項：

（a）若干，（b）若干，（c）若干，……

iii.（不該支付的經費項目）

對承包業者的費用支付，以下各項除外：

（a）若干，（b）若干，（c）若干，……

　　承包業者得確認施工業務使用的全部物資及勞務，必須履行有關財務管理上必要而詳細的會計手續。

5.7 成套設備的完成、交付以及所有權、風險的轉移

5.7.1 自工程的機械之完成至驗收為止的過程

　　這個過程可如圖 5.4 所示。

工程
    ………… 機械的檢查
    ………… 水的檢查
機械的完成 (Mechanical Completion)
    ………… 交付檢查 (Take-over Test)
移交 (Take-over) ………… 交付證明 (Taking-over Certificate) 發行日

（催化劑及原料的投入）
（始動）
    性能保證檢查 (Performance Test)
驗收 (Acceptance) ………… 驗收證明 (Acceptance Certificate) 發行日

圖 5.4　工程完成至驗收

成套設備一旦完成，要對機械材料方面進行檢查，還要向裝置裏灌水進行檢查，目的是檢驗機械的完成狀況。成套設備的機械方面的完成得到確認後，得進行旨在移交該設備的檢查。

　　交付檢查合格的話，由工程技師頒發交付證明，於是，成套設備的移交告成。移交到顧主手中後，得加入催化劑及原料，檢查成套設備的性能。通過性能保證的檢查，成套設備的性能保證值合格的話，頒發驗收證明，除保證期間外，承包業者的責任便告結束。

　　契約上規定有下面這樣一些手續。

11. Test and Acceptance

（1）Taking-over Test

i. When construction of Plant has been mechanically completed, the Contractor shall forthwith so notify the Engineer in writing, and shall propose the time to begin the Taking-over Test.

ii. The Contractor shall begin the Taking-over Tests at the time so notified and the Engineer shall attend to observe the tests.

iii. If the Plant fails to pass any Taking-over Test carried out in accordance with the Specifications, the Contractor shall make such adjustments as he considers necessary, and repeat such test in the presence of the Engineer at a time agreed upon between the Contractor and the Engineer.

iv. As soon as the Plant has passed all the Taking-over Tests pursuant to the Specifications, the Engineer shall issue to the Contractor the Taking-over Certificate stating that the Plant is taken-over by the Owner as from the date thereof.

（2）Performance Test

i. Performance Test shall be carried out as soon as reasonably practical after the completion of the Taking-over Test of Plant.

ii. Performance Tests shall be carried out by the Owner under the supervision of the Contractor and in accordance with the Specifications and the manuals provided by the Contractor hereunder.

iii. If the Plant or any section thereof fails to pass any Performance Test, such test shall be repeated as soon as practicable thereafter.

iv. The Engineer shall issue to the Contractor the Acceptance Certificate stating that the plant has passed all performance Tests and has been accepted by the Owner as soon as:

（a）all of the guaranteed figures have been fulfilled in the Performance Test; or

（b）the Contractor has paid the liquidated sum specified in Article 13 to the Owner with respect to the non-performance of the Warranty.

第11條　檢查和驗收

（1）交付檢查

 i. 成套設備的建設，在完成機械方面的工程時，承包業者當立即用書面通知工程技師，提出開始交付檢查的時期。

 ii. 承包業者在發出通知後的時期裏，開始作交付檢查，工程技師得到現場。

 iii. 成套設備根據規格明細書實施交付檢查，若不合格，承包業者得進行必要的調整，要在工程技師在場的情況下，反覆進行該項檢查。

 iv. 根據規格明細書的交付檢查，成套設備全部合格的話，工程技師得向承包業者頒發交付證明，明確記下即日起移交到顧主手裏。

（2）性能保證檢查

 i. 性能保證檢查應該在交付檢查完畢後，迅速予以實施。

ii. 性能保證檢查得由顧主在承包業者的監督下，按照承包業者提供的規格明細書和說明，予以實施。

iii. 成套設備或其一部分的性能保證檢查不合格時，該檢查得及時反覆進行。

iv. 在性能保證檢查事宜上，當 (a)全部保證都達成；(b)或是承包業者就違反保證而支付了第 13 條所規定的預定賠償金時；工程技師得立即頒發驗收證明，明示成套設備的所有性能保證檢查合格而由顧主領受。

5.7.2 移交證明的意義

（1）關於成套設備所有權的轉移時期，有各種各樣的解釋，而在標準約款及很多契約範例中，並沒有就這一點作出明確規定，一般是認為：在工程款項事先支付或論工計酬的情況下，或是材料多由顧主提供的情況下，一旦完成，便自動地歸屬顧主了。

然而，從承包業者的立場來說，在材料的主要部分是由承包業者提供而施工的情況下，或是款項的支付確保有不安定之虞的情況時，可保留拒絕把成套設備的所有權轉移或移交的權利。因此，明記"款項全部支付完畢時，成套設備的所有權由承包業者移至顧主手裏"，當是最好的辦法，但實際上是"論工計酬"之類的場合時，看來列入"頒發交付證明時，所有權轉移"就行了（這樣做的話，風險承擔也與佔有的轉移時期一致了。）

(2) 在特約中明記"交付證明的發行，使成套設備的佔有權及風險承擔，都由承包業者轉移至顧主"，那麼，在成套設備因不可抗因素受到損害時，可明確風險的承擔已於何時由承包業者移至顧主身上了。

(3) 關於施工中的風險承擔問題，即使是上述場合，基於一般法的解釋，也認為是在承包業者身上，但這會給承包業者硬帶來強大的風險負擔（損失履約部分的貸款收入），所以各國都在特別立法、標準約款等方面，實施向顧主轉移負擔的辦法。

(4) 風險承擔者可用建設工事保險等來彌補該風險的責任。

(5) 保證期間從交付證明頒發起開始。

關於成套設備之所有權的風險承擔問題，契約上可有下面一類表現法。

---

12. Title and Risk of the Plant

(i) The Plant shall become the property of the Owner when the Taking-over Certificate has been issued.

(ii) Upon the issuance of the Taking-over Certificate, the plant shall become the risk of the Owner, who shall take possession thereof.

第 12 條　成套設備的所有權及風險問題

i. 在交付證明頒發時，成套設備就為顧主所有。

ii. 交付證明頒發時起，成套設備當為顧主佔有，風險承擔也歸顧主。

5.7.3　所有權、風險的轉移以及貿易條件

　　機械材料的所有權、風險以及 FOB 型契約情況下的所有權和風險的轉移問題，當根據《關於國際貿易條件的規則 (Incoterms 1953)》之類的貿易條件解釋基準來處理。CIF、C & F、FOB 的場合，從裝船的時點起，所有權及風險就由賣主或承包業者移至顧主身上（據《關於國際貿易條件的規則 (Incoterms 1953)》的解釋）。關於這方面的契約上表現法，如上面第 2 條所示。

5.8　承包業者的保證責任

5.8.1　性能保證責任的限定

1. 性能保證

　　承包業者的保證責任，其特殊性在於：要就完成的

成套設備之生產能力、產品的品質等性能承擔保證；而這些又是通過保證運轉來實行的。這是一個"集設計、安裝、建設過程中的業務之大成"的成套設備能否達到預期機能的問題；由於機械材料、工程技術、技術信息、充填原料、催化劑、實利、自然條件等有形無形的諸要素之複合性影響，承包業者的責任和風險便具不確定性及嚴重性。

2. 達不到保證值之時

(1) 承包業者負有調查缺陷的原因以及排除、修理缺陷的義務。

(2) 保證值不能達成時，得支付損害賠償費。

3. 對策

(1) 把性能保證值的具體基準，在規格明細書中確定。

把"生產能力、原基準、實利消費率、產品的品質之類的數值"明確記下來。進而還該否認規格明細書記載之外的一切保證責任。由於承包業者方面否認契約書中修理、掉換之外的保證責任，使承包業者的理由在實際訴訟案中得到了法院的承認。

(2) 對於保證不能達成時的損害賠償額，該有約定。

比如，當就生產能力、原定基準、品質等下落的數值，定出一定的金額；進而把損害賠償總額的上限，限定在契約金額的百分之幾裏。

(3) 保證值不能達成的原因如係顧主的錯誤操作或不可

抗因素造成的，則承包業者不承擔責任，而由顧主
負責。

(4) 在性能檢查合格時的驗收證明裏，該明記：¨由於
性能保證值已達成，承包業者不再承擔性能保證責
任。¨

5.8.2 關於機械材料之保證責任的限定

1. 機械材料的保證

構成成套設備的各機械材料的保證，是同買賣契
約有關賣主之物品的保證責任一樣的問題。

2. 通常是從交付證明起，設定保證期間，發現有缺陷的
話，承包業者負有修理的義務。

3. 對策

(1) 在規格明細書中規定機械材料的品質基準。不過，
凡是契約上沒有就機械材料的規格(Code and
Standard)有所指定的話，該明確記入：根據承包
業者或廠商(向承包業者提供機械材料的廠家)的規
格行事。誤差的幅度也該列入。

這就是説，應該用這樣的基本態度來處置：把
廠商對承包業者的保證原封不動地搬給顧主。

(2) 對於那些因顧主方面的錯誤操作以及自然磨損等非
承包業者之責任導致的故障及缺陷的修理，得由顧
主承擔費用。

(3) 對於因顧主方面的設計及指示造成的缺陷，承包業

者也不予負責，而由顧主承擔責任。

（4）保證期間的限定（自交付證明起 1 個月之類）。

（5）修理額上限的確定（業務金額乘以百分之若干，
即：業務金額 × _____ ％）。

（6）至於輕微的缺陷，當由顧主自行修理。

5.8.3 驗收證明書的取得

1. 承包業者為能從性能保證責任中解放出來，則須從顧
主（或工程技師）那裏取得驗收證明書。

2. 取得驗收證明書的必要條件，宜如下面這樣予以明
瞭。

　　在契約上，屬以下情況時，顧主（或工程技師）必須
頒發驗收證明書（是為顧主或工程技師之義務）。

　　（1）規格明細書所定的保證值已通過性能保證運
轉而予以達成。

　　（2）承包業者為達成保證數值，花費於成套設備
之調整及修理上的金額，確實已全部達到定
額。

　　（3）承包業者對於未達成保證值事宜，支付了約
定的賠償金。

3. 驗收證明書上明確記入"該證明書的頒發可使承包業
者不再負有成套設備的性能保證責任"這一類意思的
內容，乃是承包業者風險責任限定上極為重要的事。
自此以後，若有甚麼糾紛，得由顧主另支付費用解決。

4. 取得驗收證明書的話，承包業者的責任就只限於有關機械材料的保證責任(修理之類。見上述的 2 項)了。

5.8.4 契約上的處理

契約上可用下面這一類的規定。

/ **13. Warranty** /

（1）Warranty of Performance

　i. The Contractor guarantees （a）product quality and （b）production capacity, （c）consumption rate of feed, utility, and catalyst as set forth in the Specifications attached hereto, provided, however that:

　　— sufficient raw materials and utilities as specified by the Contractor are supplied.

　　— the Plant is properly operated in accordance with the Contractor's advice and instructions'

　　— sufficient qualified operating and management personnel are supplied.

　ii. If the Plant or any section thereof fails to meet any guaranteed figures, the Performance Tests shall be repeated as soon as practicable thereafter.

If, after such successive Performance Tests, the guarantees were not met, the Contractor shall pay Liquidated Damages to the Owner with respect to such non-performance of the guarantees.

iii. After the issue of the Acceptance Certificate, the Contractor shall be released from the liability for warranty of performance specified in this Article.

(2) Warranty of Equipment and Materials

i. The Contractor shall remedy any defect in the materials and equipment of the Plant which appears during the Warranty Period. Such Warranty Period shall be twelve (12) months after the date of issuance of the Taking-over Certificate.

ii. The Warranty Period applicable to the part of the Works repaired pursuant to this Article shall be twelve (12) months after the date when such part is repaired but not later than three (3) months from the date of the Final Certificate specified in Paragraph (iv) of this Article.

iii. Notwithstanding the foregoing paragraphs, the Contractor shall not be liable for;

(a) usual wear and tear, or

(b) any defects arising out of mis-operation or improper operation or failure to follow the instruction of the Contractor, or

(c) any defects arising out of the improper instruction and direction made by the Engineer or the Owner.

iv. Upon the expiration of the Warranty Period specified in Paragraph (i) of this Article, the Owner shall issue the Final Certificate to the Contractor stating that the Contractor shall be released from any liability or responsibility except that for parts repaired pursuant to Paragraph (ii) of this Article.

第13條 保證

(1) 性能保證

i. 承包業者得就規格明細書所定的(a)產品的品質;(b)生產能力;(c)原料、實利、催化劑的消費量;承擔保證。不過,承擔保證的條件是:承包業者規定的原料、實利得充分得到供應;成套設備得按照承包業者的指示進行切實地運轉;提供具備良好技術水準的操作人員。

ii. 當成套設備或其一部分不符合保證值時，性
能保證檢查得迅速、及時地反覆進行。若反
覆檢查後仍不能達到保證值，承包業者得就
"違反保證"而向顧主支付預定的賠償金。

iii. 驗收證明頒發後，承包業者就不再負有本條
所規定的性能保證責任。

(2) 機械材料的保證

i. 對於在保證期間被發現的成套設備之機械材
料的缺陷，承包業者必須予以修理。該保證
期間是：交付證明頒發後 12 個月。

ii. 基於本條項的規定，被修理部分的保證期間
當從修理日起 12 個月；而從本項第(iv)款
所定的最終證明算起，當不得超過 3 個月。

iii. 與前款之規定無涉，承包業者對下述各點概
不負責：(a)正常的磨損；(b)操作出錯或不
適當地運轉，以及不遵照承包業者的指示而
產生的缺陷；(c)因工程技師或顧主的不適
當的指示而產生的缺陷。

iv. 在本項第(i)款所定的保證期間滿了的同
時，顧主得向承包業者頒發最終證明，明確
承包業者已據本項第(ii)款，除了被修理部
分外，不再負有任何責任。

5.9 契約的解除和承包業者的風險

5.9.1 契約的中途解除及風險問題

　　契約的解除，一為：當事者一方不履約致使對方發動救濟權予以解除；一為：由於戰爭、天災之類的非當事者雙方的責任導致的，即所謂的"目的不能達成"或不可抗因素造成的解約。

　　承包業者的工程完成義務，原則上是"先履行"的，所以，契約若在工程中間被解除，盡管承包業者沒有甚麼責任，但在程費用不予支付的話，承包業者勢必將陷於困境。

　　下面，擬就解約的原因以及由哪一方當事者出來解約的，來分別研討一下其中的該留意之點。

5.9.2 契約解除的原因

1. 由顧主予以解約

- 因承包業者不履約而發動救濟策的解約
  顧主可自行或委託第三者履行工程事宜，並可向承包業者回收費用。這是一般通例（FIDIC 約款：電器・機械 41 條）。
- 承包業者破產或財務狀況惡化的場合
  顧主當有解約權。這也是一般通例（FIDIC 約款：電器・機械 42 條）。

● 非屬當事者雙方之責任造成的解約

不可抗因素（發生戰爭。FIDIC 約款：電器・機械 43.1)或由其造成的"目的不能達成"(FIDIC 約款：電器・機械 44 條)。

在 FIDIC 的約款裏，就"目的不能達成"的定義，使用下面英文文例第 14 條 (1) 項的表現法。請加以參照。

2. 由承包業者予以解約

(1) 對於顧主的不履約，承包業者作為救濟手段進行解約。

(2) 上述的不可抗因素以及"目的不能達成"之場合。

5.9.3 承包業者的對策和契約上的處理

1. 契約上必須明確記入：有權要求就工程已履行部分給以支付錢款(FIDIC 約款：電器・機械 43.3，44.1)。

2. 契約上該明確記入：對於顧主的不履約行為，有權要求賠償損害(FIDIC 約款：電器・機械 47.3)。

3. 下面介紹一下列入上述各留意之點的英文文例。

---

14. Defaults and Remedies

(1) Termination by the Owner

 i. If the Contractor shall fail to carry out any of the terms of this Contract, the Owner may have the right to terminate this Contract.

---

ii. In the event of the Contract being frustrated and termination of the Contract by the Owner, the Owner shall pay to the Contractor for all work executed prior to the date of termination at the rate and prices provided for in the Contract.

For the purpose of this Article the term "Frustrated" shall mean the prevention of the fulfillment of the Contract by reason of war or by any cause or causes agreed by both the Owner and the Contractor to be beyond the control of either of them.

(2) Termination by the Contractor

i. In the event of the Owner:

(a) failing to pay the Contractor the amount due under the terms of the Contract; or

(b) interfering with or obstructing the issue of any certificate unreasonably; or

(c) becoming bankrupt or (being a company) going into liquidation other than for the purposes of a scheme of reconstruction or amalgamation.

The Contractor shall be entitled to terminate the Contract by giving notice in writing to the Owner.

ii. In the event of such termination the Owner shall pay to the Contractor the amount of any loss or damage to the Contractor arising out of or in connection with or by consequence of such termination.

iii. In the event of such termination, the Owner shall pay to the Contractor for all work executed prior to the date of termination at the rate and prices provided for in the Contract.

第14條　不履約及救濟

（1）由顧主予以解約

i. 承包業者不履行契約的某種規定時，顧主當有解除本契約的權利。

ii. 契約的目的不能達成，而且契約是由顧主予以解除的話，顧主得就承包業者在契約解除日之前履行的一切工程，按照契約所規定的支付率，向承包業者支付款項。

本條的所謂"目的不能達成"，意思是：由於戰爭或者顧主及承包業者都無法支配的原因，致使雙方達成協議的履約受到阻礙。

（2）由承包業者予以解約

i. 當顧主處於

（a）不支付契約所定的金額；

（b）無理地不頒發有關證明書；

（c）因破產乃至再建、合資之外的目的，開

始進行清算的情況下：

承包業者可用書面通知顧主解除契約。

ii. 在此種解約之場合，顧主得就此解約或與其

有因果關係而造成承包業者利益受損事宜，

向承包業者支付款項。

iii. 在這種解約的情況下，顧主得據契約所規定

的支付率，就解約之前已履行的一切工程，

向承包業者支付款項。

5.10　承包業者的其他風險

5.10.1　關於尖端技術信息轉移的風險

（1）承包業者提供的圖紙、文件等

i. 契約上該明確記入：所有權歸承包業者，限制

顧主的使用目的。

ii. 不能向無技術判斷能力的工程技師及顧主擴大圖

紙承認權（只限於閱覽權或大致上的承認權）。

（2）應該明記顧主方面的保密義務。

（3）對於試驗運轉指導中派遣工程技師的人數、日數，

承包業者得限定自己該負責承擔到甚麼程度。

由於顧主方面的操作人員之技術水準不近情理地低

劣而致使承包業者產生多餘的費用及負擔時，當可向顧主索要。

（4）契約上可設有下面這樣一類有關圖紙及文件的條項。

---

15. Drawings and Documents

The Drawings, the engineering design specifications, detail design and other technical information furnished, in writing or otherwise, to the Owner by the Contractor under this Contract are and shall remain the property of the Contractor and shall be used only for the execution, alteration, maintenance, repair and operation of the Work and shall not be duplicated or disclosed by the Owner to others or used in whole or in part for any other purpose.

第15條　圖紙和文件

在本契約裏，由承包業者用書面及其他方法向顧主提供的圖紙、設計書、詳細設計圖及其他技術情報，屬承包業者所有，只能使用於施工業務的履行、變更、保全、修理、運轉方面；顧主不得複印或公示於他處，也不得為了其他目的而利用其全部或一部分。

5.10.2　糾紛處理

（1）糾紛處理的方式，可有下面這樣一些。

　　①由工程技師裁奪；②由外部仲裁機構予以仲裁；③先由工程技師裁奪，再由仲裁處之（FIDIC約款：電器・機械 45 條，土木 67 條）。

（2）在這種場合，需留意以下之點：

　　工程技師雖具有比較中立性的性質，但基本上是顧主的代理人，因此，宜選用②和③，而避免用①。

（3）關於糾紛處理條項的背景及效力，請參閱第 1.6 節的〝國際商事糾紛的處理〞。

5.10.3　轉包問題的注意點

（1）承包業者就轉包業者所犯過失的責任問題。

　　承包業者得就轉包業者的過失而向顧主負有全面性的責任。這是一般通例（FIDIC 約款：電器・機械 3.2）。

（2）在轉包契約裏，應該明確：承包業者在基本契約（承包業者與顧主的契約）中該承負的義務，全部移作為轉包業者的義務及責任。

　　與此相反，在轉包業者與承包業者的契約裏規定了保證及規格的話，基本契約不負有該保證責任，也與該種之其他規格無涉。

〔基本契約〕   〔轉包契約〕

顧　主　◄────────►　承包業者　◄────────►　轉包業者

（承包業者的義務）·············►（轉包業者的義務）

（承包業者的保證責任）◄·············（轉包業者的保證責任）

圖 5.5　轉包契約的要點

（3）禁止全部轉包，是一般通例（以 FIDIC 約款的建設
　　　業法 22 條《顧主的承諾》為條件）。一部分轉包業
　　　者，基本上以顧主認可為條件，但精細部分的工
　　　程，應該不予承認轉包才好（FIDIC 約款，同
　　　上）。

　　　　下面是有關"轉讓、轉包"條項的文例。

---

16. Assignment and Sub-letting

（1）The Contractor shall not assign the Contract nor any
part thereof nor any rights or obligations thereunder
without the prior written consent of the Owner.

（2）The Contractor shall not sub-let the whole of the
Work.　Except where otherwise provided by the
Contract the Contractor may sub-let any part of the
Work with prior written consent of the Owner.

（3）The Contractor shall be responsible for the acts and neglect of any sub-contractor.

第16條 轉讓及轉包

（1）沒有顧主事前的書面同意，承包業者不得把契約或契約的一部分或契約上的權利、義務轉讓出去。

（2）承包業者不得把業務的全部轉包他人。除去契約上有不同的規定外，沒經顧主事前的書面同意，承包業者不得把業務的一部分轉包出去。

（3）對於轉包業者的任何行為及過失，承包業者得負責。

5.10.4 國際契約上的其他共通的留意點

作為國際契約上的共通條項，如不可抗因素、糾紛處理、依據法、完全合意、生效、通知等的規定，在海外工程契約裏也是不可少的；最後還該有結尾辭及當事者雙方的署名。關於這些條項的背景及意義，請參照第2章、第3章的有關部分。

國際合約指南／由本泰正，淵本康方，稻葉英幸著
；吳樹文譯. -- 臺灣初版. -- 臺北市：臺灣
商務，1996[民85]
　　面　；　公分
譯自：国際契約の手引
ISBN 957-05-1223-7（平裝）

1. 國際商法

579.94　　　　　　　　　　　　　　84013345

國際合約指南
国際契約の手引　　　定價新臺幣 300 元

著　　　者	由本泰正　淵本康方　稻葉英幸
譯　　　者	吳　樹　文
責 任 編 輯	馬宋芝　黎彩玉
發 行 人	郝　明　義
出 版 者	臺灣商務印書館股份有限公司
印 刷 所	臺北市重慶南路 1 段 37 號

電話：(02) 23116118・23115538
傳眞：(02) 23710274
郵政劃撥：0000165-1 號
出版事業：局版北市業字第 993 號
登 記 證

- 1995 年 6 月香港初版
- 1996 年 1 月臺灣初版第一次印刷
- 1998 年 12 月臺灣初版第二次印刷

本書經商務印書館(香港)有限公司授權出版

版權所有・翻印必究

ISBN　957-05-1223-7 （平裝）　　　b 67825000

讀者回函卡

感謝您對本館的支持，為加強對您的服務，請填妥此卡，免付郵資寄回，可隨時收到本館最新出版訊息，及享受各種優惠。

姓名：＿＿＿＿＿＿＿＿＿＿＿＿＿＿　　性別：□男 □女

出生日期：＿＿＿年＿＿＿月＿＿＿日

職業：□學生　□公務（含軍警）　□家管　□服務　□金融　□製造
　　　□資訊　□大眾傳播　□自由業　□農漁牧　□退休　□其他

學歷：□高中以下（含高中）　□大專　□研究所（含以上）

地址：□□□＿＿＿＿＿＿＿＿＿＿＿＿＿＿＿＿＿＿＿＿＿＿＿＿
　　　＿＿＿＿＿＿＿＿＿＿＿＿＿＿＿＿＿＿＿＿＿＿＿＿＿＿＿＿

電話：（H）＿＿＿＿＿＿＿＿＿＿（O）＿＿＿＿＿＿＿＿＿＿

購買書名：＿＿＿＿＿＿＿＿＿＿＿＿＿＿＿＿＿＿＿＿＿＿＿＿

您從何處得知本書？
　　　□書店　□報紙廣告　□報紙專欄　□雜誌廣告　□DM廣告
　　　□傳單　□親友介紹　□電視廣播　□其他

您對本書的意見？　（A/滿意 B/尚可 C/需改進）
　　　內容＿＿＿＿　編輯＿＿＿＿　校對＿＿＿＿　翻譯＿＿＿＿
　　　封面設計＿＿＿　價格＿＿＿　其他＿＿＿＿＿＿＿＿＿＿

您的建議：＿＿＿＿＿＿＿＿＿＿＿＿＿＿＿＿＿＿＿＿＿＿＿＿
　　　　　＿＿＿＿＿＿＿＿＿＿＿＿＿＿＿＿＿＿＿＿＿＿＿＿＿
　　　　　＿＿＿＿＿＿＿＿＿＿＿＿＿＿＿＿＿＿＿＿＿＿＿＿＿

臺灣商務印書館

台北市重慶南路一段三十七號　電話：（02）23116118・23115538
讀者服務專線：080056196　傳真：（02）23710274
郵撥：0000165-1號　E-mail：cptw@ms12.hinet.net

100臺北市重慶南路一段37號

臺灣商務印書館　收

對摺寄回，謝謝！

傳統現代　並翼而翔

Flying with the wings of tradition and modernity.